全国职业院校国际贸易专业
“新形态”教材

21世纪高职高专规划教材
国际经济与贸易系列

国际商法

主 编 孙 爽 邹 岿
副主编 梁西玲 吕 良 彭 雁

International
Business
Law

中国人民大学出版社
· 北京 ·

PREFACE

前言

本书以高职高专国际商务类专业人才培养目标为指导，在充分考虑非法律专业学生的理解能力和知识结构的基础上，对国际经济贸易过程中所需的法律知识做了梳理，针对相关岗位需求，将原国际商法体系进行重新整合。本教材在尽量弱化理论研究内容的同时，加强实践能力的训练，以精选的经典案例为载体，体现各知识点的实际意义和应用。

全书共分为九个模块，设置“项目概述”“基础知识”明确教学内容、重点难点；设置“任务实施”“学习测试”“实训操作”用以突出“教、学、做”一体化的职业教育特点，检测学生学习效果；又通过设置“视频小课堂”“拓展知识”等方式丰富教学资源，优化课程结构。教材以案例为依托引入知识点，以实训操作、测试为手段，结合各种案例、图表等形式，尽可能化理论为实践。同时，本书紧跟各法律法规的最新变化和动态，为学生展现国际经济贸易法律环境发展的最新状况。

本书由孙爽、邹肖任主编，梁西玲、吕良、彭雁任副主编。具体编写分工如下：孙爽编写模块一、模块八、模块九；梁西玲编写模块四、模块五；吕良编写模块二、模块三；彭雁编写模块六、模块七。全书由孙爽、邹肖负责拟定大纲、统稿和定稿工作。在编写过程中，编者们参考和借鉴了大量学者的研究成果和文献资料，安徽国际商务职业学院李二敏教授对本书的编写大纲、具体内容进行了细致的审核，并提出了宝贵建议，在此表示衷心感谢！

由于编写时间仓促，编者们水平有限，书中难免有错误及疏漏之处，恳请专家、学者及各位读者批评指正，以便进一步提高和完善。

编　者

2020 年 3 月

CONTENTS

目录

模块一

国际商法基础知识

项目一

国际商法概述

项目概述

通过本项目的学习，理解国际商法的含义和特征；了解国际商法的产生和发展情况。

基础知识

一、国际商法的含义

国际商法（International Business Law）是调整国际商事关系的法律规范的总称。由于国际商法调整的国际商事关系既包括国际商事交易关系，又包括国际商事组织关系，因此它通常又被认为是调整国际商事交易和国际商事组织的法律规范的总和。

国际商法的“国际性”，是指它所调整的对象是具有国际因素的商事关系。例如：

（1）当事人的营业地分处于不同的国家或地区；

（2）商事活动发生在当事人一方或几方所在国以外的国家或地区；

（3）商事关系的对象位于当事人一方或几方所在国以外的国家或地区。

二、国际商法的产生与发展

从历史上看，国际商法的发展经历了三个不同的阶段：第一阶段——商人习惯法；第二阶段——商法本国化；第三阶段——现代国际商法（见图 1-1）。

古罗马时期出现了商法规范（萌芽）

↓

11世纪威尼斯的商人习惯法（成为独立的法律部门）

↓

16世纪成为国内法一部分（丧失了国际性）

↓

“二战”后统一的国际商法形成（蓬勃发展）

图 1-1　国际商法历史发展简图

任务实施

任务1　资料搜集

任务描述

查阅资料，梳理总结国际商法发展经历的某个阶段的特点。

任务分析

国际商法经历了“国际法→国内法→国际法”独特的发展轨迹，研究国际商法的产生与发展应从历史的、辩证的观点来分析。

任务完成

____

____

____

视频小课堂

国际商法的产生与发展

拓展知识

商人习惯法

沈达明和冯大同教授认为，从历史上看，商人习惯法是中世纪时期逐渐形成的“商业惯例”。与当时封建王朝的地方性法律相比具有以下几个特点：(1) 它超越国界，普遍适用于各国商人；(2) 它不是由专业法官来掌管，而是由商人自己选出的法官来掌管的；(3) 它的程序比较简单，而且不拘泥于形式；(4) 它强调按公平、合理的原则来处理案件。

项目二

国际商法的渊源

项目概述

通过本项目的学习，掌握国际商法的渊源。

基础知识

国际商法的渊源主要是指国际商法产生的依据及其表现形式，包括国际渊源和国内渊源两个方面。国际渊源包括国际条约、国际惯例；国内渊源主要是国内立法，有些国家还包括判例法。

一、国际渊源

（一）国际条约

国际条约是国际商法的最主要的渊源，是国际法主体之间以国际法为准则，为确立其相互权利、义务而缔结的书面协议。一般按照其内容可划分为两大类：一是统一实体法规范的国际公约；一是统一冲突法规范的国际公约。本书主要涉及 1980 年《联合国国际货物销售合同公约》。

（二）国际惯例

国际惯例是国际商法的另一个重要的渊源，是指在国际商事交往中，在长期、反复的国际实践中形成并被广泛接受的商事习惯规则。

法律上的惯例与习惯是有本质的不同的，前者一旦被当事人加以采用，便对该当事人具有法律约束力，后者只是一种行为习惯。从这个意义上说，虽然国际惯例没有普遍的约束力，无法与国际公约的效力相比，但在某些具体的当事人之间却有像国际公约一样的强制力。有些国际惯例已经被某些国家纳入其国内的成文法，从而具有了法律的普遍约束力；还有些国家的国内法规定，国际惯例的适用无须当事人明示表示同意。

由此可见，目前国际惯例与国际公约在强制力上的区别已经被淡化，采用国际惯例已经成为国际上的一种趋势。影响较大的国际惯例有《国际贸易术语解释通则》《跟单信用证统一惯例》。

二、国内渊源

国际商事关系具有多样性和复杂性，现有的国际公约和惯例不可能满足实践中的需求，而且个人或企业在从事超越国境的经贸和商事活动时，也可能以某国的国内法为准则，因此国内法在国际商法中仍占有重要地位。

国际商法的国内渊源主要指各国调整涉外商事法律关系的制定法和判例。在国内法渊源方面，大陆法系和英美法系两大法系国家的法律对国际商法的影响最大。

任务实施

任务 2　自主学习

任务描述

通过书籍或网络学习，掌握实体法、程序法、冲突法的区别并试举例说明。

任务分析

在研究法律和法律现象的过程中，依据不同的标准将法律分为不同的种类，了解三者的区别是十分重要的。

任务完成

1. 实体法：______________________________；
2. 程序法：______________________________；
3. 冲突法：______________________________。

项目三

两大法系比较研究

视频小课堂

两大法系介绍

项目概述

通过本项目的学习，掌握两大法系各自主要特征及二者的区别，了解两大法系对国际商法的影响。

基础知识

国际公约、国际惯例的内容毕竟有限，但各国的国内商事立法或判例浩如烟海，怎样研究呢？比较法学为我们引入了“法系”这样的工具。

比较法学家按照法的历史传统和形式上的某些特征对世界各国法律体系做出分类，产生了中华法系、印度法系、伊斯兰法系、大陆法系、英美法系等，其中对世界各国法律制度和国际商法影响最大的是大陆法系和英美法系。那么这两大法系各自有什么特点，二者有什么区别，对国际商法又有什么样的影响呢？

图 1－2 是两大法系的庭审图片，差异明显，让我们逐一介绍。

英美法系庭审　　大陆法系庭审

图 1－2　两大法系庭审

一、大陆法系

（一）大陆法系的起源

大陆法系（Continental Law System）一般是指以罗马法为基础而形成和发展起来的一个完整的法律体系的总称。

大陆法系名称的由来就是由于该法系首先是在欧洲大陆出现和形成的，它具有法典的特征，法国在19世纪初编纂的《法国民法典》和德国在19世纪末编纂的《德国民法典》，对大陆法系的发展都具有强大的推动作用，因此大陆法系又称为民法法系。

（二）大陆法系的分布

大陆法系是以法国和德国为主的，后随着殖民扩张，比利时、西班牙、葡萄牙、意大利、奥地利、瑞士、荷兰被征服。北欧各国即挪威、瑞典、丹麦、芬兰和冰岛的法律，统称为斯堪的纳维亚法律，基本上也属于大陆法系。在亚洲，日本自1868年“明治维新”以来的法律以及泰国等国的法律，亦属大陆法系。在北美，美国的路易斯安那州及加拿大的魁北克省法律，也因历史原因，属于大陆法系。在非洲，如刚果（金）、卢旺达、布隆迪等国法律，由于以前的殖民地历史，也属于大陆法系；如阿尔及利亚、摩洛哥、突尼斯等国的法律，也受大陆法系的强烈影响。

（三）大陆法系的特点

首先，大陆法系强调成文法的作用，它在结构上强调法律的系统化、逻辑化、法典化和成文化；其次，大陆法系国家把全部法律区分为公法和私法两大部分；最后，大陆法系国家都进行大规模的法典编纂工作。1804年编纂的《法国民法典》是19世纪大陆法系法典的一个典型。除民法典之外，还有商法典、刑法典、刑诉法典等。此外，在大陆法系中，司法判例不是主要的法律渊源，而仅仅是对法律的注释，大陆法系国家法律的效力渊源，主要是制定法，又称为成文法，而不是判例。在司法过程中，法官的判决只起着加强对法律的解释作用。

（四）大陆法系国家的法院组织

大陆法系国家的法院组织虽然各有特点，但有一些共同之处。主要表现在：法院的层次基本相同；各国除普通法院以外，还有一些专门法院与普通法院同时并存。各国法院基本上分为三级，即第一审法院、上诉法院和最高法院。

二、英美法系

（一）英美法系的起源

英美法系（the Common Law Legal Family），又称普通法系，是指英国

中世纪以来的法律，特别是它以普通法为基础的，与以罗马法为基础的民法法系相比较而存在的一种法律制度。

英美法系以英国普通法为基础，但并不仅指普通法，它包含英国的三种法律，即普通法、衡平法和制定法。美国法律作为一个整体来说，属于普通法，但它有很多自己的特征。

（二）英美法系的分布

英国、美国及其他过去曾受英国殖民统治的国家和地区（主要包括加拿大、澳大利亚、新西兰、爱尔兰、印度、巴基斯坦、马来西亚和新加坡），属于英美法系，我国香港地区目前也属于英美法系。南非、斯里兰卡、菲律宾法是大陆法与普通法的混合物。但是，英国的苏格兰、美国的路易斯安那州和加拿大的魁北克属于大陆法系。

（三）英国法的渊源

1. 判例法（Case Law）

判例法是英国法的主要渊源，它是由高等法院的法官以判决的形式发展起来的法律规则。判例法的主要特点是，法院在判决中所包括的判决理由必须得到遵循，即对做出判决的法院本身和对下级法院日后处理同类案件均具有约束力。一般而言，只有上诉法院、高级法院和上议院的判决才能构成先例，才具有约束力。

2. 成文法（Statutory Law）

成文法是英国法的重要渊源。成文法是由英国的议会制定的。成文法要通过判例法才能起作用，这是英国法的又一个特点。

3. 习惯法（Customary Law）

在英国普通法形成的过程中，法的渊源是判例法而不是习惯法。因此，习惯法在英国法律中所起的作用极小。

（四）美国法的渊源

（1）以判例法为主要渊源，把成文法作为对判例法的补充和匡正。

（2）把法律分为联邦法和州法两部分。根据1791年美国宪法修正案第十条的规定：凡宪法未授予联邦或未禁止各州行使的权力，均属于州。即各州的立法权是原则，联邦的立法权是例外。但联邦的法律高于各州的法律。在民事立法方面，联邦的立法权范围主要包括银行工业、国际贸易、州际贸易、专利权和税收等。

三、两大法系的区别

两大法系的差异表现在很多方面，本书主要介绍以下三个方面：

（1）法律渊源不同。大陆法系强调成文法的作用，成文法为其主要法律渊源，判例法一般不作为正式法律渊源；英美法系强调判例法的作用，判例法为其主要法律渊源。

（2）诉讼程序不同。大陆法系采用“纠问式”，法官居于主导地位；英美法系采用“对抗式”，法官充当消极的中立裁定者的角色。

（3）对法的分类不同。大陆法系将法律分为公法与私法；而英美法系则将法律分为普通法与衡平法。

四、两大法系的发展趋势及对国际商法的影响

（一）两大法系的发展趋势

随着世界经济一体化进程的加快，两大法系越来越呈现“求同存异、协调发展”的趋势。但在这种趋势中，两者的法律技术、推理方法、诉讼制度、司法体制等诸多方面的差别也依然存在。两大法系相互取长补短，但不可能彻底融合。

（二）两大法系对国际商法的影响

两大法系对国际商法的影响是巨大的。一方面，两大法系推动国际商法统一化运动，许多重要的国际商事公约、条约就是通过借鉴甚至吸收两大法系的一些法律原则和规范才得以形成的，如《联合国国际货物买卖合同公约》《国际商事合同通则》等，在合同法和买卖法的许多问题上都采纳了两大法系的法律原则和制度。另一方面，两大法系对世界很多国家的商事立法产生了很大影响。由于各国法律制度均在不同程度上受到两大法系的影响，甚至大多可以归纳在两大法系之列，因此，作为国际商法重要渊源之一的各国国内商事立法，事实上也是在两大法系的影响下确立的；在用有关国家的国内商法处理国际商事问题时，两大法系的法律原则就在实际中发挥作用。可见，对两大法系及其法律原则的了解和掌握，是学好国际商法所必需的。

【学习测试】

选择题

1. 从商法的起源看，近代欧洲各国的商法主要源自中世纪形成的（　　）。

A. 普通法　　B. 商人习惯法

C. 法国的《商事条例》　　D. 古罗马法

2. 在（　　）国家，一个判决只对被判决的案件有效，对日后法院判决同类案件并无约束力。

A. 英美法　　B. 判例法　　C. 习惯法　　D. 大陆法

3. 下列不属于英美法系的国家是（　　）。

A. 马来西亚　　B. 新加坡　　C. 日本　　D. 巴基斯坦

4. 下列不属于大陆法系的国家是（　　）。

A. 法国　　B. 加拿大　　C. 德国　　D. 意大利

5. 商人习惯法在 11 世纪出现于（　　）。

A. 意大利　　B. 美国　　C. 日本　　D. 印度

6. 英国法的主要渊源是（　　）。

A. 学理　　B. 判例法　　C. 成文法　　D. 习惯法

7. 中国法律最重要的渊源是（　　）。

A. 判例法　　B. 成文法　　C. 宪法　　D. 习惯法

8. 我国法院实行（　　）。

A. 三级两审制　　B. 四级两审制

C. 二级二审制　　D. 三级三审制

9. 根据我国法律，当事人对已经生效的判决和裁定，认为确有错误的，可以（　　）。

A. 向原审人民法院提出重审请求

B. 向上级人民法院申诉

C. 向上级人民法院上诉

D. 向人民法院抗诉

10. 国际商法的法律渊源有（　　）。

A. 国际条约　　B. 国际惯例

C. 各国国内立法　　D. 各国国内判例法

模块二

公司法

项目一

公司法概述

项目概述

通过本项目的学习，掌握公司的概念及基本法律特征；理解公司的法人性。

视频小课堂

公司的产生与发展

基础知识

公司是当今国际社会中市场经济条件下发达国家普遍采用的一种最重要的、最富有生命力的商事组织法律形式。公司的数量在整个企业数量中所占的比例并不是很大，但其经济实力与影响却是其他企业或社会组织无法比拟的。

一、公司的概念

大陆法系国家一般认为，公司是指依法设立的以营利为目的的社团法人。在英美法系国家，一般均不设有完整的、专门的定义性概念。

现行《中华人民共和国公司法》（以下简称《公司法》）第三条第一款规定："公司是企业法人，有独立的法人财产，享有法人财产权。公司以其全部财产对公司的债务承担责任。"这是我国对公司这一形式的正式解读。

二、公司的基本法律特征

各国对公司特征的表述各有不同，但大多数学者认为公司应具有以下基本特征：

（一）营利性

公司具有营利性，是指公司必须以从事经营活动、追求利润最大化为目的。公司的营利性特征包括两层含义：

1. 公司是以营利为目从事经营活动的

任何投资者出资设立公司，就其目的而言都是获取利润。公司必须将其经营活动获得的利润依照法律和章程分配给股东。这将公司与以行政管理为目的的国家机关和不以营利为目的的公益社团法人区别开来。

2. 公司必须连续地从事同一性质的经营活动

公司作为以营利为目的的经济组织，必须是连续不断地进行经营活动，且其从事的经营活动有固定的内容，即有确定的经营范围。这是公司与那些临时性合伙偶尔从事的营利性行为的根本区别。

（二）社团性

社团性是指公司应为人的集合，其股东和股权具有多元性。公司是否具有社团性特征，一直是学术界认识分歧较大的问题之一。有的学者认为，随着一人公司的地位逐渐为许多国家的法律所承认，公司已逐渐失去其社团性特征。而有的学者则认为，无论从公司的本质看，还是从各国公司法的规定看，公司都应当是一种社团或联合体，这是公司与独资企业的根本区别。

（三）法人性

公司作为法人必须具备以下条件：

1. 必须依法设立

公司依照法律设立和运行，是规范化程序较高的企业组织形式。公司的发起设立、对内对外关系、内部治理结构、合并分立等，都是依照法律规范来办理，公司是一种企业形式与法律形式相结合的体现。

2. 公司具有独立的财产权

公司的财产来源于股东的投资，股东一旦出资，获得股权，实行股权与出资相分离，股东个人无权直接处分公司的财产。股东投入公司的财产与股东未投入公司的财产在法律上相分离。

3. 能够独立地承担民事责任

从法律上赋予公司以人格，使公司像一个真实的人那样，以自己的名义从事经营，享有权利，承担责任，起诉应诉，从而使公司在市场上成为竞争主体，而股东仅以其出资额为限承担有限责任。

任务实施

任务1　案例分析

任务描述

小商、小法两人各出资10万元设立一家公司，不料公司经营不善，负债30万元。在用公司财产清偿20万元后仍有10万元无法偿还。问：公司债权人能否要求小商、小法偿还？

任务分析

想要解决本案例，就要理解公司的法人性，公司资产与股东个人资产是什么关系，公司股东承担什么样的责任。

任务完成

____

____

____

拓展知识

公司的分类

1. 以股东对公司债务所负责任形式为标准划分

(1) 有限责任公司：公司股东以其出资额为限对公司债务承担责任。

(2) 无限责任公司：公司股东对公司债务承担无限连带责任。

(3) 两合公司：公司一部分股东以其出资额为限对公司债务承担责任，另一部分股东则对公司债务承担无限责任。

(4) 股份有限公司：股东以其所持有的股份为限对公司债务承担责任。

(5) 股份两合公司：公司一部分股东以其所持有的股份为限对公司债务承担责任，另一部分股东则对公司债务承担无限责任。

2. 以公司的从属关系为标准划分

(1) 母公司：拥有另一公司半数以上资本或股份，并对其经营管理活动有一定控制权的公司。

(2) 子公司：其资本或股份的大部分为另一公司所控制，且其经营管理活动要受其制约的公司。

3. 以公司的管辖关系为标准划分

(1) 本公司：又称总公司，是指从组织上、业务上管辖其他公司的公司。受管辖公司的业务执行及资金调度均由本公司发号施令。

(2) 分公司：指从业务上、组织上接受其他公司管辖的公司。分公司在法律上不具有独立的主体地位和法人资格，不能独立承担责任，其经营活动主要有赖于本公司的意志。

视频小课堂

公司的作用

拓展任务：

你知道子公司、分公司哪种形式具有法人资格吗？

项目二 有限责任公司

项目概述

通过本项目的学习，掌握有限公司的概念及基本法律特征；理解有限责任公司的设立条件。

基础知识

一、有限责任公司的概念

有限责任公司也称有限公司，是指依照公司法设立的股东以其出资额为限对公司承担有限责任，公司以其全部资产对其债务承担责任的公司。有限公司于 1892 年首创于德国，其目的在于融合合伙企业与股份有限公司的优点，以适应中小型企业，特别是家族企业的客观需要。其后，法国、意大利、卢森堡、比利时等国相继采用。

二、有限责任公司的法律特征

（一）股东人数的有限性

对有限责任公司的股东人数，许多国家的公司法或有限责任公司法都有上限和下限的规定。股东既可以是自然人，也可以是法人，但是股东的人数我国公司法做了上限规定，不得超过 50 人。因为有限责任公司虽为资合公司，却具有一定的人合性，股东须相互信任，这就决定了其股东人数不可能太多，有必要做出上限的规定。

（二）股东出资的非证券性

公司每一股份在数额上可各不相等，公司不能发行股票筹资。有限责任公司股东向公司缴纳出资后，公司向股东签发出资证明书，作为股东出资凭证及转让出资时的依据。出资证明书不能流通。

（三）股东责任的有限性

股东仅以其出资额为限对公司的债务承担有限责任，而公司则要以其全部资产对公司债务承担责任。有限责任公司的股东，对公司及公司的债权人不负任何财产责任，公司的债权人亦不得直接向股东主张债权或请求清偿。

（四）公司的封闭性

有限责任公司在英国被称为“少数人公司”，在美国又被称为“封闭式公司”。但无论什么称谓，其意均为该种公司是与“开放式”相对应的公司形式。公司的封闭性表现在：公司资本不对外募集，只能由股东认缴全部出资发起设立；公司的财务会计、经营状况不必公开；股东的出资转让规定严格，股东转让出资必须经过大多数股东一致同意；对欲转让的出资其他股东有优先购买权等方面。

（五）公司组织机构设置、设立程序的灵活性

有限责任公司规模可大可小，董事会与监事会设置灵活，股东人数较少

的公司可以不设立董事会，只设执行董事。政府对有限责任公司的设立干预相对较少，基本上实行准则登记制度，除了从事特殊行业外，只要符合法律规定的条件，政府均予以注册，不需要经过烦琐的审查批准程序。

（六）公司具有人合与资合的统一性

有限责任公司同时具有人合性和资合性，其人合性表现为股东人数有限制；出资证明书不得自由流通转让；资本只由全体股东认缴；出资转让应当取得其他股东同意，且有优先购买权；经营事项和财务账目无须向社会公开等。而有限责任公司的资合性则表现在股东有限责任、最低资本额、出资形式限制、无利不分原则及盈余分配顺序等。

三、有限责任公司的设立条件

根据公司法规定，设立有限责任公司应具备以下条件：(1) 股东符合法定人数，即由1～50个股东出资设立。除国有独资公司外，股东可以是自然人、法人或其他经济组织。(2) 有符合公司章程规定的全体股东认缴的出资额。(3) 股东共同制定公司章程。(4) 有符合法律规定的公司名称，建立符合有限公司要求的组织机构。(5) 有公司住所。

（一）股东人数和资格

根据《公司法》第二十四条规定："有限责任公司由五十个以下股东出资设立。"

（二）公司的资本

1. 注册资本

根据《公司法》第二十六条规定："有限责任公司的注册资本为在公司登记机关登记的全体股东认缴的出资额。法律、行政法规以及国务院决定对有限责任公司注册资本实缴、注册资本最低限额另有规定的，从其规定。"

拓展知识

最低注册资本的限制

2013年《公司法》修订后，取消了有限责任公司"3万元"最低注册资本的限制，也取消了对于缴纳出资的法定期限要求。但并不是所有公司都没有最低注册资本限制，注意该条第2款的规定，保险公司、证券公司以及商业银行等特殊公司另有规定。

2. 出资方式

根据《公司法》及其司法解释的规定，股东的出资方式有：(1) 货币；(2) 非货币财产。其中第二种方式包括实物、知识产权、土地使用权及股权等。

除了上述方式，股东还可以以其他公司的股权出资，但须满足以下条件：(1) 出资的股权由出资人合法持有并依法可以转让；(2) 出资的股权无权利瑕疵或者权利负担；(3) 出资人已履行关于股权转让的法定手续；(4) 出资的股权已依法进行了价值评估。

非货币财产作为出资需满足两个条件：一是可以用货币估价；二是可以依法转让。

3. 出资期限

有限责任公司股东认缴的出资，可以在公司成立时一次缴清，也可以在公司成立后分次缴清。股东应按期缴纳公司章程规定的各自所认缴的出资额。

视频小课堂

股东出资规则

4. 出资程序

(1) 股东以货币出资的，应当将货币出资足额存入有限责任公司在银行开设的账户。

(2) 以非货币财产出资的，应当评估作价，核实资产，不得高估或者低估作价。应当依法办理其财产权的转移手续。

(3) 股东不按照上述规定缴纳出资的，除应当向公司足额缴纳外，还应当向已按期足额缴纳出资的股东承担违约责任。

(4) 有限责任公司成立后，发现作为设立公司出资的非货币财产的实际价额显著低于公司章程所定价额的，应当由交付该出资的股东补足其差额；公司设立时的其他股东承担连带责任。但是出资人以符合法定条件的非货币财产出资后，因市场变化或者其他客观因素导致出资财产贬值，不能认定为未依法全面履行出资义务。

(三) 其他条件

设立有限责任公司除需要具备上述条件之外，还应当具备下列条件：有公司名称；有公司章程；有公司的组织机构；有必要的生产经营条件。

任务实施

任务 2　案例分析

任务描述

甲、乙、丙三人共同投资设立了志同有限责任公司，公司章程规定：如果股东认为有限责任公司的经营不令其满意，可以抽回其出资或将其出资转让给股东以外的其他人。公司成立后，经营业绩一直不理想，因此乙在没有通知甲、丙的情况下准备将出资份额转让给丁，甲认为不能转让，但乙坚持认为其转让出资份额给第三人是公司章程赋予股东的权利。鉴于甲提出异议，乙为了避免大家关系紧张，又提出抽回出资的要求，丙认为这一要求是受公司章程保护的，应予支持。甲认为公司章程规定的内容不好，使公司的经营很被动，马上修改了公司章程。问：

1. 甲认为乙未通知其他股东便转让出资份额给第三人的行为是无效的看法是否正确？

2. 丙认为乙抽回出资的行为受公司章程的保护的看法是否正确？

3. 甲迅速修改公司章程的行为是否合适？

任务分析

本案例涉及的是公司章程的性质、公司章程的法律效力和公司章程的修改。完成本案例，需要认真研读《公司法》第三十六条、第四十四条、第七十二条以及相关公司章程的规定。

任务完成

1. ______________________________

2. ______________________________

3. ______________________________

项目三

股份有限公司

项目概述

通过本项目的学习，掌握公司的概念及基本法律特征；理解股份有限公司的设立条件。

基础知识

一、股份有限公司的概念

股份有限公司是指将全部资本划分为等额股份，股东以其所持有的股份为限对公司承担有限责任，公司以其全部资产对公司债务承担责任的公司。

现代公司的典型形态就是股份有限公司。

依据我国《公司法》，有限责任公司和股份有限公司的主要区别在于：

(1) 在股东人数上，有限责任公司设立时不得超过 50 人，股份有限公司股东人数无上限；

(2) 在股份流动性上，有限责任公司股份转让前必须征求其他股东意见，股份有限公司的资本划分为等额股份，股份转让相对便捷、自由；

(3) 股份有限公司可以公开发行股份募集资金，有限责任公司不可。

综合而言，两种公司的区别集中体现在融资方式和股份流动性上。除此之外，两者在设立程序、出资要求、内部组织结构、分立、合并、解散、清算等方面区别不大。因此，企业选择有限责任公司抑或股份有限公司类型，多半是基于自身的融资需求。

二、股份有限公司的法律特征

(一) 公司是最典型的资合公司

在股份有限公司中，股东之间以资本为中心，而非以股东个人的信用为中心，只要是股份的合法持有者便是股东。股份有限公司的股份可以自由转让，股东的频繁变动不会影响公司的存续及经营状况。股份有限公司的资合性决定了公司股东只能以现金或实物出资，而不能以信用或劳务出资。

(二) 公司的股东人数有法定最低限制

股份有限公司为了保证能够从社会募集足够的资金，对股东人数往往有最低要求。因为股东人数太少，无法体现股份有限公司广泛集资的特点，也难以形成极大的资本和庞大的规模经营。如英国、法国、卢森堡、比利时、日本、韩国以及我国台湾地区都规定为 7 人，而德国规定为 5 人。不少国家将股东法定最低人数作为股份有限公司存续的必要条件，而对股份有限公司的最高人数各国均不加以限制，这样的规定有利于股份有限公司大规模地筹集资本。

(三) 公司的资本总额划分为金额相等的股份

股份有限公司的全部资本以一定的标准划分为等额的股份，每一股份所代表的资金额是相同的。股份是法律上的计量单位，可以自由转让。一股一权，权数与持股数成正比，股东权利的计算、行使、转让均以股份为单位，也是公司向股东分发红利的数量依据。

(四) 公司股份的表现形式是股票

股票是股份有限公司股份的表现形式，股东的权利从股票上得到体现，并且伴随着股票的转让而发生转移。股份有限公司可以向社会公众公开发行股票，股份有限公司的股票不论是否上市交易，均可以自由转让。股东转让股票无须征得其他股东的同意，更无须股东大会做出决议。股份有限公司股份的自由转让既体现了股东“以脚投票”的权利，又体现了资本市场对股份有限公司的评价和约束。

（五）公司的股东承担有限责任

股份有限公司的每一个股东的义务以其所认购的股份金额为限，对公司承担有限责任，公司以其全部资产对外承担责任，此点与有限责任公司基本相同。

三、股份有限公司的设立条件

根据《公司法》第七十六条的规定，设立股份有限公司，应当具备下列条件：

（1）发起人符合法定人数。《公司法》第七十八条规定：“设立股份有限公司，应当有二人以上二百人以下为发起人，其中须有半数以上的发起人在中国境内有住所。”发起人可以是自然人，也可以是法人或者其他经济组织。

（2）有符合公司章程规定的全体发起人认购的股本总额或者募集的实收股本总额。股份有限公司采取发起设立方式设立的，注册资本为在公司登记机关登记的全体发起人认购的股本总额。在发起人认购的股份缴足前，不得向他人募集股份。股份有限公司是采取募集方式设立的，注册资本为在公司登记机关登记的实收股本总额。法律、行政法规以及国务院决定对股份有限公司注册资本实缴、注册资本最低限额另有规定的，从其规定。

（3）股份发行、筹办事项符合法律规定。

（4）发起人制定公司章程，采用募集方式设立的经创立大会通过。

（5）有公司名称，建立符合股份有限公司要求的组织机构。在其名称中应标明股份有限公司或者股份公司字样。

（6）有公司住所。

任务实施

任务3　案例分析

任务描述

2019年4月，合肥市巢湖公司与蜀山公司等3家公司订立了以募集方式设立湖光山色股份有限公司的发起人协议，公司注册资本5 000万元，募集设立。

同年5月，安徽省有关部门批准同意组建该公司。3家发起人公司按协议制定章程，认购部分股份，起草招股说明书，签订股票承销协议、代收股款协议，经国务院证券监督管理机构批准，向社会公开募股。由于湖光山色股份有限公司发展前景光明，因此股份募集顺利，发行股份股款缴足后经约定的验资机构验资证明后，发起人认为已完成任务，迟迟不召开创立大会，经股民强烈要求才在两个月后召开创立大会，发起人为图省事，只通知了代表股份总数的1/3以上的认股人出席，会议决定了一些法定事项。问：

1. 湖光山色股份有限公司的募集设立是否存在问题？
2. 湖光山色股份有限公司召开创立大会的程序存在什么样的问题？

任务分析

本案例涉及股份有限公司在募集设立的情形下的设立条件及程序，请认真研读《公司法》第七十六条至第九十七条关于股份有限公司设立的条件以及设立的程序。

任务完成

____

____

____

项目四 公司的组织机构

项目概述

通过本项目的学习，了解公司组织机构的立法模式，掌握公司的组织机构；理解股东（大）会、董事会、监事会的含义以及对企业发展的意义。

基础知识

公司的经营活动十分复杂，涉及决策、执行、代表、监督等不同的职能，各国公司法都较为翔实地规定了公司应设立的组织机构以及各机构的职权、职责的分工和对公司应负的责任，以规范股东与公司、股东与经营者之间的各种关系。

公司的组织机构是代表公司活动，行使相应职权的权力机关、决策机关、监督机关和执行机关所组成的公司机关。公司组织机构是公司法规定的，具有强制性，也是公司得以设立的必要条件。股份有限公司的组织机构包括股东大会、董事会、监事会及高级管理人员。根据《公司法》的规定，高级管理人员是指公司的经理、副经理、财务负责人、上市公司董事会秘书和公司章程规定的其他人员。

视频小课堂

股东的权利和义务

一、股东和股东会

（一）股东

凡是基于对公司投资或其他合法原因而持有公司资本的一定份额并享有股东权利的主体均是公司的股东。

股东作为出资者按投入公司的资本额享有以下权利：（1）享有资产收益权；（2）参与重大决策权；（3）知情权、查账权；（4）提议、召集、主持股东会临时会议权；（5）选择管理者的权利；（6）请求回购权；（7）诉讼权和代位诉讼权；（8）请求法院解散公司权。

股东在享有权利的同时也要承担相应的义务：（1）遵守公司章程；（2）足额缴纳所认缴的出资；（3）依其所缴的出资额承担公司债务；（4）出资填补义务；（5）公司办理工商登记手续后，不得抽回出资；（6）不得滥用股东权利损害公司或者其他股东的利益；（7）不得滥用公司法人独立地位和股东有限责任损害公司债权人的利益。

（二）股东会

股东（大）会会议分为定期会议和临时会议：

定期会议应当依照公司章程的规定按时召开，可一年一次，也可以按照公司章程规定一年两次，定期会议一般在年度结束之后的一定期限内召开；临时会议是指在法定年会之外为处理公司特别重要紧急的事项而召开的股东会议。

股东（大）会的表决：

一般有限责任公司股东会会议由股东按照出资比例行使表决权；股东大会做出决议，必须经出席会议的股东所持表决权过半数通过。

股东会会议做出修改公司章程、增加或者减少注册资本的决议，以及公司合并、分立、解散或者变更公司形式的决议，必须经代表三分之二以上表决权的股东通过。

任务实施

任务4　案例分析

任务描述

A股份有限公司拟召开2018年度股东大会年会，审议批准董事会报告、审议批准监事会报告、审议批准年度财务预算方案、决算方案、审议批准公司的利润分配方案。公司在国务院证券管理部门指定的报纸上登载了召开股东大会年会的通知。通知内容如下：

A股份有限公司关于召开2018年度股东大会年会的通知

兹定于2018年5月15日在公司本部办公楼二层会议室内召开2008年度股东大会年会，特通知如下：

一、凡持有本公司股份50万股以上的股东可向本公司索要本通知，并持通知出席股东大会会议。

二、持有本公司股份不足50万股的股东，可自行组合，每50万股选出一名代表，向本公司索要本通知，并持通知出席股东大会会议。

A股份有限公司董事长　董某

2018年5月5日

上述通知中有哪些违反《公司法》的规定？

任务分析

应掌握股东会召开的相关规定。

任务完成

____

____

____

二、董事会

董事会是由股东会选举产生的，由全体董事组成的行使经营决策和管理权的必设的集体业务执行机构。董事会是行使公司经营管理权的业务执行机构，从各国法律规定来看，现在的董事会是公司最重要的机构。

（一）董事会的职权

现代西方国家公司法出现了削弱股东会权力而强化董事会权力的趋势，以不同的方式，将公司的经营管理权划归董事会行使。如1937年颁布的《德国股份有限公司法》规定，董事会是公司的领导机关，除法律另有规定外，无论是公司的章程还是股东会决议，都不能限制董事会对公司业务拥有的专属领导权。

无论各国公司立法如何规定，董事会作为公司的代表，其职权范围可概括为两个方面：（1）对内进行经营管理。包括对公司生产经营的方案、战略、方针及重大措施的决定权，执行、实施章程规定的宗旨以及股东会所做的决议和负责具体业务的管理，任免和监督公司的高级职员。（2）对外代表公司。董事会以公司的名义对外从事各类民事活动的权利。

（二）董事会的组成及议事规则

1. 董事会的组成

董事会由董事组成，一般设立董事长 1 人，副董事长 1～2 人。英美法系各国及大陆法系如法国等少数国家规定自然人和法人均可担任董事，而德国等大多数大陆法系国家明确规定法人不得担任董事。

关于董事会成员人数，各国法律规定不同，英美法系一般允许在内部细则中加以规定，而大陆法系大多数国家均规定上限和下限。如我国《公司法》中规定，有限责任公司董事会董事人数 3～13 人，股份有限公司董事会董事人数 5～19 人。

拓展知识

职工代表可以担任董事吗？

股份有限公司实行的是任意职工董事制度，董事会中可以有职工董事，法律不强制要求其必须有职工董事。而两个以上的国有企业或者两个以上的其他国有投资主体投资设立的有限责任公司，其董事会成员中必须有公司职工代表。

2. 董事会的议事规则

董事会有普通会议和特殊会议之分。普通会议是董事会根据公司内部细则或公司章程而定期召开的会议；特殊会议是董事认为必要时随时召开的会议。董事会决议的表决，实行一人一票。董事会做出决议，一般规定经符合法定人数出席会议董事的简单多数通过即为有效。董事会会议应有过半数的董事出席方可举行。

3. 董事

（1）董事的任职资格。

身份条件：一般要求由股东担任；有些国家也允许非股东担任，如英国、美国、德国和日本等国；还有些国家规定，政府官员、公务员、公证员不能担任董事。

年龄条件：各国一般对董事年龄的下限均有规定，上限一般只有少数国家有限制。如英国通用电器的董事资格条款就规定：董事候选人的年龄不得超过 73 岁。我国的《公司法》没有直接规定董事的年龄，但由于其限制“无民事行为能力或者限制民事行为能力”的公民担任公司董事，实际上要求董事必须年满 18 周岁。

我国《公司法》第一百四十六条也有对公司的董事、监事、高级管理人员任职资格的法律规定：“（一）无民事行为能力或者限制民事行为能力；（二）因贪污、贿赂、侵占财产、挪用财产或者破坏社会主义市场经济秩序，被判处刑罚，执行期满未逾五年，或者因犯罪被剥夺政治权利，执行期满未逾五年；（三）担任破产清算的公司、企业的董事或者厂长、经理，对该公司、企业的破产负有个人责任的，自该公司、企业破产清算完结之日起未逾三年；（四）担任因违法被吊销营业执照、责令关闭的公司、企业的法定代表人，并负有个人责任的，自该公司、企业被吊销营业执照之日起未逾三年；（五）个人所负数额较大的债务到期未清偿。”

任务实施

任务5　案例分析

任务描述

甲、乙、丙、丁、戊拟组建有限责任公司。其中甲、乙打算以货币形式出资，分别为20万元和60万元；丙以实物形式出资，经评估机构评估为20万元；丁、戊拟以劳务出资。公司不设董事会、监事会，拟由乙担任公司的执行董事兼总经理，丙担任公司的监事，丁、戊均担任副总经理。问：

1. 丁、戊是否可以以劳务出资？

2. 如果乙原为国家机关干部，现已下岗分流；丙原为某厂厂长兼党委书记，两年前因对该厂破产负有个人责任被免职；丁为商业博士，但其因父亲住院治疗负债50万元；戊为个体工商户，曾因破坏社会主义市场经济秩序罪被判刑，1年前刑满释放。乙、丙、丁、戊是否可以担任董事长？

任务分析

要完成本任务，需要掌握董事任职资格的相关规定。

任务完成

____

____

____

（2）董事的任期。

董事任期及是否可以连任等事项一般由公司章程或其内部细则规定。通常各国实践为3年左右，连选连任。我国《公司法》第四十五条：“董事任期由公司章程规定，但每届任期不得超过三年。董事任期届满，连选可以连任。董事任期届满未及时改选，或者董事在任期内辞职导致董事会成员低于法定人数的，在改选出的董事就任前，原董事仍应当依照法律、行政法规和公司章程的规定，履行董事职务。”

（3）董事的义务责任。

1）忠实义务。忠实义务是指董事应当遵守法律、法规和公司章程的规定，忠实履行职责，维护公司利益，不得自营或者为他人经营与其所任职公司有竞争关系的公司或者从事损害本公司利益的活动。具体说来，包括以下几个方面：不得利用职权收受贿赂或其他非法收入；不得侵占公司财产；不得挪用公司资金；不得将公司资金以其个人名义或者以其他个人名义开立账户存储；不得违反公司章程的规定，未经股东会、股东大会或者董事会同意，将公司资金借贷给他人或者以公司财产为他人提供担保；不得违反公司章程的规定或者未经股东会、股东大会同意，与本公司订立合同或者进行交易；未经股东会或者股东大会同意，不得利用职务便利为自己或者他人谋取属于公司的商业机会，自营或者为他人经营与所任职公司同类的业务；不得接受他人与公司交易的佣金，归为己有；不得擅自披露公司秘密；违反对公司忠实义务的其他行为。

2）勤勉义务。勤勉义务是指董事、监事、高级管理人员在处理和安排公司事务时，以一个普通正常人的合理、谨慎的态度，恪尽职守，维护公司的利益，以自己的技能为股东和公司谋求最大利益。

三、监事会

（一）监事

监事是公司中常设的监察机关的成员，又称“监察人”，负责监察公司的财务情况、公司高级管理人员的职务执行情况，以及其他由公司章程规定的监察职责。在中国，由监事组成的监督机构称为监事会，是公司必备的法定的监督机关。监事通常由股东代表和职工代表组成，且不得兼任董事或经理。监事的任期每届为3年。监事任期届满，连选可以连任。

监事可以列席董事会会议，并对董事会决议事项提出质询或者建议。监事会、不设监事会的公司的监事发现公司经营情况异常，可以进行调查；必要时，可以聘请会计师事务所等协助其工作，费用由公司承担。

（二）监事会

各公司监事会一般不少于3人，由股东代表和职工代表组成（董事、经理和财务人员除外）。股东人数较少或者规模较小的有限责任公司，可以设1～2名监事，不设监事会。监事会应当包括股东代表和适当比例的公司职工代表，其中职工代表的比例不得低于三分之一，具体比例由公司章程或内部细则规定。监事会中的职工代表由公司职工通过职工代表大会、职工大会或者其他形式民主选举产生。监事会每年度至少召开一次会议，监事可以提议召开临时监事会会议。监事会决议应当经半数以上监事通过。

股份有限公司必须设立董事会和监事会；而人数少、规模小的有限责任公司，则可以不设董事会和监事会，以执行董事和监事替代。

有限责任公司可以没有职工董事，也可以没有职工监事；股份有限公司可以没有职工董事，但必须有职工监事。

任务实施

任务 6　案例分析

任务描述

合肥市大江股份有限公司因经营管理不善造成亏损，公司未弥补的亏损达股本的 1/4，公司董事长李某决定在 2019 年 4 月 6 日召开临时股东大会，讨论如何解决公司面临的困境。董事长李某在 2019 年 4 月 1 日发出召开 2019 年临时股东大会会议的通知，其内容如下：

关于召开 2019 年临时股东大会的通知

为讨论解决本公司面临的亏损问题，凡持有股份 10 万股（含 10 万股）以上的股东直接参加股东大会，小股东不必参加股东大会。股东大会如期召开，会议议程为两项：

（1）讨论解决公司经营所遇困难的措施。

（2）改选公司监事二人。

出席会议的有 90 名股东。经大家讨论，认为目前公司效益太差，无扭亏希望，于是表决解散公司。表决结果为：80 名股东，占出席大会股东表决权 3/5，同意解散公司，董事会决议解散公司。会后某小股东认为公司的上述行为侵犯了其合法权益，向人民法院提起诉讼。问：

1. 本案中公司召开临时股东大会合法吗？程序有什么问题？

2. 临时股东大会的通知存在什么问题？

3. 临时股东大会的议程合法吗？做出解散公司的决议有效吗？

4. 该小股东的什么权益受到了侵害？

任务分析

本案例涉及股东大会召开的程序性规定。请认真研读《公司法》第九十八条至第一百零七条有关股份有限公司股东大会召开的相关法律规定，掌握股东大会召开的程序性要求。

任务完成

视频小课堂

公司的组织机构

项目五

公司变更、解散与清算

项目概述

通过本项目的学习，掌握公司的合并与分立；理解公司股本的变更；熟悉公司解散的原因及公司清算的流程。

基础知识

一、公司的合并与分立

（一）公司的合并

合并是指两个或两个以上的公司依照法定程序合并为一个公司的法律行为。公司合并也只限于法律许可的情形。不论何种情形，因合并而消灭的公司的权利义务，概括地转移于合并后存续和新设的公司。公司合并后应办理相应的登记（变更登记、解散登记、设立登记）手续。

1. 合并的形式

公司合并分为吸收合并与新设合并两种情形。（1）吸收合并是指一个公司吸收一个或一个以上的公司，被吸收的公司解散的合并形式（也就是兼并）。例如：A+B+C+……→A。（2）新设合并是指两个或两个以上的公司合并成立一个新公司，原来各方均解散的合并形式。例如：B+C+D+……→A。

2. 合并的程序

（1）合并各方签订合并协议；（2）编制资产负债表及财产清单；（3）确认债权、债务；（4）报请相关部门批准；（5）重新办理登记。

3. 合并后债权、债务的处理

公司合并时，合并各方的债权、债务，应当由合并后存续的公司或者新设的公司承继。

（二）公司的分立

1. 分立的形式

分立是指一个公司依法分为两个或两个以上的公司。（1）新设分立是指将一个公司分为两个或两个以上的公司，原来的公司解散的分立形式。例如：A→B+C+D+……（2）派生分立是指公司投资设立一个或一个以上的新公司，原来的公司依然存在的分立形式。例如：A→A+B+C+……

2. 分立的程序

与合并的程序基本一致。

3. 分立后债权、债务的处理

公司分立，其财产作相应的分割。公司分立前的债务由分立后的公司承担连带责任。但是，公司在分立前与债权人就债务清偿达成的书面协议另有约定的除外。

二、公司股本变更

（一）股本的增加

各国公司法对增加股本的条件限制较少，各类公司在必要时可依法定程序增加资本。其中，有限责任公司增资程序较简单，一般由股东会经代表2/3以上表决权的股东通过即可。股份有限公司的增资程序较复杂，实行法定资本制的股份有限公司一般应以股东大会特别决议通过增资决议，其后，还要变更公司章程并办理相应的注册登记手续。

（二）股本的减少

由于股本的减少影响股东和公司债权人的利益，因此，各国对减少股本做了明确的限制性规定。这些规定大致是：须经股东大会决议，须不影响公司的偿债能力，须交主管部门备案。为了保护债权人利益，有限责任公司一般不得减少资本，即使允许有限责任公司减少资本的国家，对减资手续也有特别严格的限制。

（三）股东出资的转让

股东出资转让又称股权的转让，是指股东依法将自己的出资额的一部分或全部转让给其他股东或股东以外的投资者的行为。

股东转让出资的方式有两种：一是股东之间的转让，即公司内部的出资转让，由转让方和受让方协商一致签署出资转让协议；二是股东向非股东转让出资，即公司外部的出资转让。有限责任公司对外转让出资一般有较严格的限制：股东向股东以外的人转让股权，应当经其他股东过半数同意；股份有限公司的股东间人身关系较松散，因此股份可以自由转让和流通。股东在转让其出资时，在转让出资的价格条件和其他条件相同时，股东较非股东享有优先购买权。

股东转让出资不仅应向受让人交付出资证明书，还应在公司股东名册上记载受让人的姓名、住所、受让股数，不依规定记载的，转让出资的行为无效。

三、公司的解散和清算

（一）解散

1. 公司的解散

公司的解散是指公司丧失法人资格的原因已经出现，而逐渐终止公司权利义务的行为。

2. 公司解散的原因

公司解散的原因有三大类：一类是一般解散的原因；一类是强制解散的原因；一类是股东请求解散。

（1）一般解散的原因。一般解散的原因是指，只要出现了解散公司的事由，公司即可解散。我国《公司法》规定的一般解散的原因有：①公司章程规定的营业期限届满或者公司章程规定的其他解散事由出现时。但在此种情形下，可以通过修改公司章程而使公司继续存在，并不意味着公司必须解散。如果有限责任公司经持有 2/3 以上表决权的股东通过或者股份有限公司经出席股东大会会议的股东所持表决权的 2/3 以上通过修改公司章程的决议，公司可以继续存在。②股东会或者股东大会决议解散。③因公司合并或者分立需要解散。

（2）强制解散的原因。强制解散的原因是指由于某种情况的出现，主管机关或人民法院命令公司解散。公司法规定强制解散公司的原因主要有：①主管机关决定。国有独资公司由国家授权投资的机构或者国家授权的部门做出解散的决定，该国有独资公司应立即解散。②责令关闭。公司违反法律、行政法规被主管机关依法责令关闭的，应当解散。③被吊销营业执照。

（3）请求解散的原因。根据我国新修订的《公司法》规定，当公司经营管理发生严重困难，继续存在会使股东利益受到重大损失，通过其他途径不能解决的，持有公司全部股东表决权 10%以上的股东可以请求人民法院解散公司。

3. 公司解散的程序

解散是否导致公司法人资格的终止因国家而异，英国实行“先算后散”体制，解散即意味着公司法人人格的终止。我国实行“先散后算”的体制，美国、日本和欧洲大陆国家亦然，这种解散并不导致公司法人人格消灭，只是导致清算程序的发生。只有清算完成后，公司的法人人格才消灭。

（1）进入清算程序。除因合并、分立而解散外，在其他解散的情形下，公司均需进行清算。通过清算，结束解散公司的既存法律关系，分配剩余财产，从而最终消灭其法人资格。

（2）公司仍存续，但应停止积极营业活动。在清算期间，公司存续，但不得开展积极的经营活动，即其活动限于与清算有关的事务。

（3）解散公司在特定情形下仍可恢复。我国未作规定。日本准予自愿解散的公司在清算结束前经股东大会决议而恢复，德国亦然。

（二）清算

1. 公司的清算

公司的清算是指在公司面临终止的情况下，负有清算义务的主体按照法律规定的方式、程序对公司的资产、负债、股东权益等公司的状况做全面的清理和处置，使得公司与其他社会主体之间产生的权利和义务归于消灭，从而为公司的终止提供合理依据的行为。

2. 清算程序

公司解散应进行清算。清算为对已解散的公司进行清理，结束其一切法律关系，消灭其法人人格的一种程序。

（1）清算组的组成。有限责任公司的清算组由股东组成，股份有限公司的清算组由董事或者股东大会确定的人员组成。逾期不成立清算组进行清算的，债权人可以向人民法院申请指定有关人员组成清算组进行清算。人民法院应当受理该申请，并及时组织清算组进行清算。

我国《公司法》规定人民法院受理公司清算案件，应当及时指定有关人员组成清算组。清算组成员可以从下列人员或者机构中产生：①公司股东、董事、监事、高级管理人员；②依法设立的律师事务所、会计师事务所、破产清算事务所等社会中介机构；③依法设立的律师事务所、会计师事务所、破产清算事务所等社会中介机构中具备相关专业知识并取得执业资格的人员。

（2）清算组的职权。清算组成立后，根据我国《公司法》第一百八十四条的规定，行使以下职权：清理公司财产，分别编制资产负债表和财产清单；通知、公告债权人；处理与清算有关的公司未了结的业务；清缴所欠税款以及清算过程中产生的税款；清理债权、债务；处理公司清偿债务后的剩余财产；代表公司参与民事诉讼活动。

清算组在公司清算期间代表公司进行一系列民事活动，全权处理公司经济事务和民事诉讼活动。根据我国《公司法》第一百八十九条的规定，清算组成员应当忠于职守，依法履行清算义务。清算组成员不得利用职权收受贿赂或者其他非法收入，不得侵占公司财产。清算组成员因故意或者重大过失给公司或者债权人造成损失的，应当承担赔偿责任。

拓展知识

公司清算后谁来处理民事诉讼?

公司依法清算结束并办理注销登记前，有关公司的民事诉讼，应当以公司的名义进行。公司成立清算组的，由清算组负责人代表公司参加诉讼；尚未成立清算组的，由原法定代表人代表公司参加诉讼。

（3）清算组的职责。

1）进行债权登记。清算组应当自成立之日起十日内通知债权人，并于六十日内在报纸上公告。债权人应当自接到通知书之日起三十日内，未接到通知书的自公告之日起四十五日内，向清算组申报其债权。清算组应当对债权进行登记。在申报债权期间，清算组不得对债权人进行清偿。

2）清理公司财产。清算组应当清理公司财产、编制资产负债表和财产清单。

3）制定清算方案。清算组在清理完公司财产后，应当制定清算方案，并报股东会、股东大会或者人民法院确认。

4）制作清算报告。公司清算结束后，清算组应当制作清算报告，报股东会、股东大会或者人民法院确认。

5）办理公司注销登记。清算组制作的清算报告也应当报送公司登记机关，申请注销公司登记，公告公司终止。

（三）公司财产的分配

公司财产首先用来支付清算费用、职工的工资、社会保险费用和法定补偿金，然后缴纳所欠税款，清偿公司债务，如果还有剩余财产，则有限责任公司按照股东的出资比例分配，股份有限公司按照股东持有的股份比例分配。

清算组在清理公司财产、编制资产负债表和财产清单后，发现公司财产不足以清偿债务的，应当依法向人民法院申请宣告破产。公司经人民法院裁定宣告破产后，清算组应当将清算事务移交给人民法院。如果在清算过程中，清算组发现公司资不抵债的，应当立即向法院申请宣告破产。

清算组在拨付清算费用后，应按以下顺序清偿债务：（1）职工的工资、社会保险费用和法定补偿金；（2）缴纳所欠税款；（3）清偿公司债务后的剩余财产。

（四）公司终止

1. 公司的终止

公司终止是指公司根据法定程序彻底结束经营活动并使公司的法人资格归于消灭的事实状态和法律结果。

2. 公司的终止的特征

（1）公司终止的法律意义是使公司的法人资格和市场经营主体资格消灭。

（2）公司终止必须依据法定程序进行。公司的终止不可以随意进行，而必须按照法律规定的程序进行；只有在法律没有强制性规定的情况下，才可由公司章程或股东决定。

（3）公司终止必须要经过清算程序，只有在以公司财产对债务进行清偿并对剩余财产分配完毕之后，公司方可消灭。

任务实施

任务7 案例分析

任务描述

合肥市大华制造公司（以下简称大华公司）于2019年经上级主管部门批准，分立为东方机器设备公司（以下简称东方公司）和南方构件厂（以下简称南方厂）。大华公司分立时，其财产做了相应的分割，编制了资产负债表及财产清单。东方公司与南方厂就大华公司分立前的债务达成协议，全额由东方公司承担。公司于2019年5月5日做出分立决议后，5月15日前通知了债权人，并在5月5日至6月5日连续在报纸上就分立事宜公告了3次。

大华公司的某甲债权人接到通知书后，于5月20日向大华公司提出了清偿债务的要求；某乙债权人接到通知书后，于5月30日向大华公司提出了提供相应债务担保的请求。大华公司对某甲债务人清偿了债务，并对某乙债权人的要求做出了承诺。2019年6月1日，公司正式分立。大华公司在外地的债权人某丙未接到分立通知书，于2019年8月2日才知晓大华公司已分立，于是分别向东方公司和南方厂主张债权，但东方公司和南方厂均以公司早已分立为由拒绝了某丙的要求。某丙遂诉诸法院。问：

1. 公司分立时，应如何通知已知的债权人及其他债权人？
2. 某甲与某乙债权人的要求是否符合公司法的规定？
3. 某丙的债权主张是否有法律依据？

任务分析

本案例涉及公司在分立时的法律规范以及规范流程。请认真研读《公司法》第一百七十六条、第一百七十七条、第一百七十九条。熟悉公司在分立时的法律规定，掌握公司在分立时的规范流程。

任务完成

____

____

____

【学习测试】

一、单项选择题

1. 关于公司的概念和种类，下列说法错误的是（　　）。

A. 在法人企业，股东以其认缴的出资额或者认购的股份为限对公司承担有限责任

B. 分公司能独立承担责任，也能独立进行民事活动

C. 子公司能独立承担责任，也能独立进行民事活动

D. 个人独资企业和合伙企业是非法人企业，不能独立承担民事责任

2. 下列所做的各种关于公司的分类，哪一种是按公司的从属关系为标准划分的？（　　）

A. 总公司与分公司　　　　B. 母公司与子公司

C. 人合公司与资合公司　　D. 封闭式公司与开放式公司

3. 公司是指依法设立的，以营利为目的的，由股东投资形成的（　　）。

A. 自然人　　B. 法定代表人　　C. 其他组织　　D. 企业法人

4. 关于有限责任公司的设立，下列说法中错误的是（　　）。

A. 有限责任公司的股东可以是自然人也可以是法人

B. 出资人以非货币财产出资的，应当评估作价，核实财产

C. 股东在公司设立时未履行或者未全面履行出资义务，发起人与被告股东承担连带责任，但是，公司的发起人承担责任后，可以向被告股东追偿

D. 公司债权人可请求未履行或者未全面履行出资义务的股东，对公司债务不能清偿的部分承担补充赔偿责任

5. 关于有限责任公司的股权转让，下列说法错误的是（　　）。

A. 实际出资人未经公司其他股东半数以上同意，请求公司变更股东、签发出资证明书、记载于股东名册、公司章程并办理公司登记机关登记的，法院不予支持

B. 有限责任公司的股东之间可以相互转让其全部或者部分股权

C. 股权转让后未及时向公司登记机关办理变更登记，原股东仍将其名下的股权转让、质押或者以其他方式处分，受让股东可以主张处分股权行为无效；但如果第三方构成善意取得，第三方可以取得股权

D. 如果冒用他人名义出资并将该他人作为股东在公司登记机关登记的，被冒名登记行为人应当承担相应责任

6. 根据《公司法》的规定，下列有关有限责任公司股东人数的说法中，

正确的是（ ）。

A. 50 人以下　　B. 100 人以下

C. 2 人以上 50 人以下　　D. 2 人以上 100 人以下

7. 某有限责任公司的股东甲拟向公司股东以外的 A 某转让其出资。下列关于甲转让出资的表述中，符合公司法律制度规定的是（ ）。

A. 甲可以将其出资转让给 A，无须经其他股东同意

B. 甲可以将其出资转让给 A，但须通知其他股东

C. 甲可以将其出资转让给 A，但须经其他股东的过半数同意

D. 甲可以将其出资转让给 A，但须经其他股东的 2/3 以上同意

8. 关于股份有限公司的设立，下列说法正确的是（ ）。

A. 股份有限公司发起人应为 2 人以上 200 人以下，其中须有三分之一以上的发起人在中国境内有住所

B. 在发起人认购的股份缴足前，可以向他人募集股份

C. 发起人应当自股款缴足之日起 30 日内主持召开公司创立大会

D. 发起人因履行公司设立职责造成他人损害，公司成立后受害人请求公司承担侵权赔偿责任的，法院不予支持

9. 下列关于股份有限公司董事会的规定，错误的是（ ）。

A. 董事会人数为 5～19 人

B. 董事长和副董事长由全体董事的过半数选举产生

C. 董事因故不能出席会议的，可以口头委托其他董事代为出席

D. 董事会的决议违反法律、行政法规或者公司章程、股东大会决议，致使公司遭受严重损失的，“参与决议”的董事对公司负赔偿责任；但经证明在表决时曾“表明异议”并“记载于会议记录”的，该董事可以免除责任

10. 根据公司法律制度的规定，股份有限公司为公司股东或者实际控制人提供担保的，应当由（ ）做出决议。

A. 股东大会　　B. 董事会　　C. 监事会　　D. 总经理

11. 根据我国《公司法》的规定，股份有限公司将公司法定公积金转增资本时，其留存的法定公积金最低比例应为（ ）。

A. 转增前注册资本的 10%　　B. 转增前注册资本的 15%

C. 转增前注册资本的 20%　　D. 转增前注册资本的 25%

12. 股份有限公司的权力机构是（ ）。

A. 股东会　　B. 股东大会　　C. 董事会　　D. 监事会

13. 关于公司变更登记，下列说法中错误的有（ ）。

A. 公司名称、法定代表人、经营范围（不包括董事、监事、经理的变更）的，自“变更决议做出之日”起 30 日内申请

B. 有限公司股东转让股权，自“转让股权之日”起 30 日内申请

C. 股东或发起人改变姓名或名称，自改变姓名或者名称之日起 30 日内申请

D. 减少注册资本、合并、分立（不包括增资），自“公告之日”起 30 日后申请

14. 下列关于公司解散和清算，说法正确的是（　　）。

A. 公司解散原因有一般解散、强制解散以及司法解散

B. 以公司亏损、财产不足以偿还全部债务为由提起解散的，人民法院予以受理

C. 以公司被吊销企业法人营业执照未进行清算为由提起解散公司诉讼的，人民法院应予以受理

D. 公司自行清算应在解散事由出现之日起 30 日内

二、多项选择题

1. 公司的基本法律特征都有哪些？（　　）

A. 营利性　　B. 社团性　　C. 合伙性　　D. 法人性

2. 下列说法正确的有（　　）。

A. 公司是指依法设立的，以营利为目的的，由股东投资形成的企业法人

B. 公司向其他企业投资，必须由董事会决议

C. 公司要以全部财产对公司的经营活动产生的债务承担责任

D. 公司为股东或实际控制人提供担保的，须经股东（大）会决议

3. 下列选项中属于公司股东可以出资的方式的是（　　）。

A. 货币　　B. 土地使用权

C. 劳务　　D. 知识产权

4. 根据公司法律制度的规定，下列各项中，属于有限责任公司股东会的职权的有（　　）。

A. 决定公司的经营方针和投资计划

B. 选举和更换由非职工代表担任的董事

C. 审议批准董事会或者执行董事的报告

D. 聘任或者解聘公司财务负责人

5. 下列说法错误的有（　　）。

A. 公司股东可以以货币、实物、知识产权、土地使用权等方式出资

B. 公司股东可以以劳务、信用、自然人姓名、商誉、特许经营权或者设定担保的财产等作价出资

C. 公司章程不能对公司的经营范围做出规定

D. 法定代表人依照公司章程的规定，不得由董事长、执行董事长或者总经理担任

6. 下列关于有限责任公司的设立和组织机构，说法正确的有（　　）。
A. 公司以其主要办事机构所在地为住所
B. 出资人以符合法定条件的非货币财产出资后，因市场变化或者其他客观因素导致出资财产贬值，公司、其他股东或者公司债权人请求该出资人承担补足出资责任的，人民法院不予支持
C. 股东在公司设立时未履行或者未全面履行出资义务，发起人与被告股东承担连带责任，但是，公司的发起人承担责任后，可以向被告股东追偿
D. 股东在公司增资时未履行或者未全面履行出资义务，公司、其他股东或者公司债权人有权请求未尽忠实和勤勉义务的董事、高级管理人员承担相应的责任；董事、高级管理人员承担责任后，可以向被告股东追偿
7. 根据《公司法》的规定，有限责任公司的出资方式可以有（　　）。
A. 货币　　B. 房屋使用权　　C. 实物　　D. 土地使用权
8. 股份有限公司的法律特征有（　　）。
A. 公司的股东人数有法定最低限制
B. 公司的股东承担有限责任
C. 公司股份的表现形式是股票
D. 股份公司是最典型的人合公司
9. 关于有限股份公司股东会职权，下列说法正确的有（　　）。
A. 审议批准董事会、监事会或者监事的报告
B. 审议批准公司的年度财务预算方案、决算方案、利润分配方案和弥补亏损方案
C. 对公司增加或者减少注册资本，发行公司债券做出决议
D. 对公司合并、分立、变更公司形式、解散和清算等事项做出决议
10. 下列说法错误的有（　　）。
A. 股份有限公司董事会必须有职工代表
B. 经 1/3 以上董事提议，股份有限公司董事会可以召开临时会议
C. 股份有限公司董事会决议必须经全体董事的过半数通过
D. 股份有限公司董事任期可以超过 3 年
11. 下列说法正确的有（　　）。
A. 公司减少注册资本时，应当自做出减少注册资本决议之日起 10 日内通知债权人，并于 30 日内在报纸上公告
B. 公司合并自公告之日起 45 日后申请工商变更登记
C. 公司聘用、解聘承办公司审计业务的会计师事务所，依照公司章程的规定，由股东大会或者董事会决定
D. 资本公积金可用于弥补公司的亏损

12. 关于有限股份公司股东会职权，下列说法正确的有（　　）。

A. 审议批准董事会、监事会或者监事的报告

B. 审议批准公司的年度财务预算方案、决算方案、利润分配方案和弥补亏损方案

C. 对公司增加或者减少注册资本，发行公司债券做出决议

D. 对公司合并、分立、变更公司形式、解散和清算等事项做出决议

三、判断题

1. 我国《公司法》所称的公司是指依照该法在中国境内设立的有限责任公司和股份有限公司。（　　）

2. 子公司不具有法人资格，不能独立承担民事责任。（　　）

3. 外国公司属外国法人，其在中国境内设立的分支机构也具有中国法人资格。（　　）

4. 公司是企业法人，有独立的法人财产，享有法人财产权。公司以其全部财产对公司的债务承担责任。（　　）

5. 公司超越经营范围签订合同，法院因此认定合同无效。（　　）

6. 有限责任公司股东对股东会职权范围内的事项以书面形式一致表示同意的，可以不召开股东会会议直接做出决定。（　　）

7. 有限责任公司的注册资本为在公司登记机关登记的全体股东认缴的出资额。（　　）

8. 有限责任公司章程应有董事的签名、盖章。（　　）

9. 设立公司必须依法制定公司章程。公司章程对公司、股东、董事具有约束力。（　　）

10. 有限责任公司分配利润时，必须按照股东实缴的出资比例分配。（　　）

11. 在法人企业，股东以其认缴的出资额或者认购的股份为限对公司承担有限责任，公司要以全部财产对公司的经营活动产生的债务承担责任。（　　）

12. 我国《公司法》中的公司高级管理人员，是指公司的经理、副经理、财务负责人。（　　）

13. 代表五分之一以上表决权的股东，二分之一以上的董事，监事会或者不设监事会的公司的监事提议召开临时会议的，应当召开临时会议。（　　）

14. 股东有权查阅、复制公司章程、股东会会议记录、董事会会议决议、监事会会议决议和财务会计报告。（　　）

15. 因贪污、贿赂、侵占财产、挪用财产或者破坏社会主义市场经济秩序，被判处刑罚，执行期满未逾5年的，不得担任公司的董事、监事、高级管理人员。（　　）

16. 重要的国有独资公司合并、分立、解散、申请破产的，由国有资产监督管理机构审核，报本级人民政府批准。（　　）

17. 因合并、分立而解散的公司需要清算。　（　）

18. 甲持有某有限责任公司全部股东表决权的 9%，因公司管理人员拒绝向其提供公司账簿，甲以其知情权受到损害为由，提起解散公司的诉讼。对此，人民法院不予受理。　（　）

19. 根据公司法律制度的规定，减少注册资本时，公司应自做出减少注册资本决议之日起 10 日内通知债权人，并于 30 日内在报纸上公告。　（　）

20. 公司合并时，合并各方的债权、债务，应当由合并后存续的公司或者新设的公司承继。　（　）

四、案例分析

2019 年 4 月，安徽省合肥某汽车修理有限公司以资金周转困难为由，向王某借款 20 万元作为生产的流动资金。双方约定年利率 7%，借款期限为一年，到期连本带利归还。但到了约定的时间，该公司未向王某付款。该汽车修理有限公司系由合肥 A 公司、上海 B 公司共同出资成立。因该公司还款无望，王某便将该汽车修理有限公司、该汽车修理有限公司的投资股东诉至人民法院，请求判令被告偿还借款。

请根据公司责任与股东责任的相关法律规定进行分析。

模块三

合同法

项目一 合同与合同法概述

项目概述

通过本项目的学习，掌握合同的概念及法律特征；合同法的概念与基本原则；熟悉合同的各种分类；掌握签订合同的构成要件。

基础知识

一、合同的概念和法律特征

（一）合同的概念

尽管英美法系和大陆法系在对合同的概念上存在不少分歧，但实际上它们基本上都把当事人的意思表示一致作为合同成立的要素，我国法律也是如此。

我国《民法典》合同编第四百六十四条规定：“合同是民事主体之间设立、变更、终止民事法律关系的协议。婚姻、收养、监护等有关身份关系的协议，适用有关该身份关系的法律规定，没有规定的，可以根据其性质参照适用本编规定。”表明合同法是调整平等民事主体之间民事权利义务关系的合同，其范围以平等民事主体之间债权债务关系为主，包括物权合同、共同合同、承包合同等非债权债务关系合同，但不包括婚姻、收养、监护等方面的身份合同。

（二）合同的法律特征

合同是当事人之间产生、变更、终止民事权利义务关系的意思表示一致的法律行为，它具有以下特征：

（1）合同是以产生、变更或终止民事权利义务关系为目的。例如：买卖双方订立买卖合同，便在当事人之间产生了买卖关系，如果在买卖合同订立之后，当事双方同意对原合同进行修改或通过协议终止原来的买卖合同，就变更或终止他们之间的民事法律关系。

（2）合同是当事人意思表示一致的协议。它包括三个方面的含义：第一，合同应具有两个或两个以上的当事人；第二，当事人均做出了意思表示；第三，各当事人之间相互做出的意思表示的内容是一致的，这样合同才能成立。

（3）合同是一种民事法律行为。合同是合同主体实施的能够引起民事权利和义务产生、变更或终止的合法行为。只有在合同当事人的意思表示合法的前提下，合同才具有法律效力，才能受到保护。合同生效后，对当事人都具有法律约束力。

二、合同法的概念与基本原则

（一）合同法的概念

合同法是调整合同关系的法律规范的总和，主要规范合同的设立、成立、有效、无效、履行、变更、解除、撤销等方面的问题。

（二）合同法的基本原则

合同法的基本原则是指贯穿于整个合同法法律制度和规范的，作为指导合同法的制定、解释、执行等各个方面的基本准则。

结合两大法系与我国《民法典》的规定，合同法的基本原则包括：

1. 自由原则

合同的自由原则是近代西方合同法的核心和精髓，与所有权的绝对性、过失主义并列为大陆法系民法的三大原则，在许多国家的立法中均有所体现。《民法典》第五条规定："民事主体从事民事活动，应当遵循自愿原则，按照自己的意思设立、变更、终止民事法律关系。"

合同自由原则的内容主要包括缔结合同的自由、选择相对人的自由、决定合同内容的自由、变更和解除合同的自由、选择合同方式的自由等。但是，合同自由不是无限制的。这些限制主要来自法律上对合同自由原则所规定的一些限制内容。主要包括以下内容：

第一，对于自由缔结合同的限制。此限制是通过法律规定，给当事人施加必须缔结某种合同的义务，如医院不能拒诊病人、出租车司机不能拒载等。这主要是由公法上的义务所决定的。

第二，关于决定合同内容的自由。该限制主要是为了保护缔约时处于弱势地位的当事人所制定，如劳动法中关于最低工资的规定、租房合同中有关租金率的确定等。

第三，关于合同方式选择的自由。对于某些特定的合同，法律要求必须采取书面形式，如我国《民法典》第三百九十一条中的担保合同，以及《民法典》第七百零七条的租赁合同都对合同的形式做出了明确的规定。

第四，法律制定或专门设立具有准司法性质的行政机关对合同进行监督、管理和控制。例如：设立公平交易委员会以维护公平交易；设立反垄断机构以保护自由竞争等。

2. 诚实信用原则

诚实信用原则是合同法中一项十分重要的基本原则，无论是在两大法系中还是在有关的国际文件中，该原则都得到了充分的体现。在各国法律之中，诚实信用原则均在成文法中做出了规定，如《法国民法典》第 1134 条规定："契约应当以善意履行。"《德国民法典》第 242 条规定："债务人依诚实和信用的原则，并参照交易的习惯，履行给付义务。"《美国统一商法典》规定："本法所涉及的任何合同和义务，在其履行或执行中均负有诚信之义务。"我国《民法典》第七条规定："民事主体从事民事活动，应当遵循诚信原则，秉持诚实，恪守承诺。"

自由原则和诚实信用原则是合同法所独有的基本原则，除此之外，在其他法律部门通用的原则也可作为合同法的基本原则，如合法原则等。

视频小课堂

合同的分类

三、合同的分类

当前社会经济活动和财产流通的方式是多种多样的，当事人为了追求不同的经济目标，订立各种不同的合同，而不同的经济关系在法律上的表现形式是不同的，这就决定了合同的多样性，特别是随着全球经济不断趋于一体化，新的交易形式不断出现，合同的种类越来越多。合同主要分为：

（一）单务合同与双务合同

根据合同当事人双方权利、义务的分担方式，合同可以分为单务合同和双务合同。单务合同是合同当事人一方只负担义务而不享受权利，另一方只享受权利而不负担义务的合同。如赠与合同。双务合同是指合同当事人双方互相享有权利，互相负有义务的合同，如买卖合同。

（二）诺成合同与实践合同

根据合同成立是否以交付标的物为要件，可以将合同分为诺成合同和实践合同。诺成合同是指当事人意思表示一致即成立的合同。除了当事人意思表示一致外，还必须交付标的物才能成立的合同是实践合同。如买卖合同就是诺成合同；而赠与合同属于实践合同，该合同仅有当事人双方一致的协议还不能成立，只有赠与人将赠与物交付受赠人时，合同才成立。大多数合同属于诺成合同。

（三）要式合同与非要式合同

合同根据其成立是否必须采用一定形式划分为要式合同与非要式合同。必须依法定方式才能成立的合同，称为要式合同；无须采用特定方式就能成立的合同，称为非要式合同。区分要式合同和非要式合同的意义在于，要式合同在未履行法定方式前，合同不成立，因为不产生法律效力。

此外，按照不同的标准，合同还可以分为：有偿合同和无偿合同；口头合同和书面合同；为订约人自己订立的合同和为第三人利益订立的合同；主合同和从合同；有名合同和无名合同等。

四、合同的要件

各国的法律对于合同的有效成立都要求具备一定的条件。综合起来看，各国对合同有效成立的要求主要有以下几项：

（1）当事人之间必须达成协议，这种协议是通过要约与承诺而达成的。

（2）当事人必须具有订立合同的能力。

（3）合同必须有对价或合法的约因。

（4）合同的标的和内容必须合法。

（5）合同必须符合法律规定的形式要求。

（6）当事人的意思表示必须真实。

任务实施

任务1　任务回顾

任务描述

你有没有签过合同？如果有，能否举例都签订过什么样的合同，并根据你找到的合同说明该合同的类型，以及该合同中的构成要件有哪些？

任务分析

通过完成任务掌握合同的分类及构成要件。

任务完成

____

____

____

项目二

合同的有效要件

项目概述

通过本项目的学习，掌握合同签订时要约与承诺的含义，熟悉合同签订当事人需具备哪些能力，熟练掌握合同当事人具有错误表示行为、欺诈行为、胁迫行为、显失公平行为对合同履行的影响，了解有效合同的签订需要具备哪些法律形式。

基础知识

视频小课堂

合同中的
要约与承诺

一、当事人之间存在协议

一项合同的订立，通常需要经历当事人双方互换意见、充分协商的过程，这一过程法律上称之为要约和承诺。一般说来，一方的承诺与对方的要约相一致，即可构成一项具有法律约束力的合同。我国《民法典》合同编中规定了要约和承诺的内容，这与国际通行的合同法的规定是一致的。

（一）要约

要约是订立合同的第一步，各国法律对要约含义的解释基本相似。要约是指一方当事人希望与他人订立合同的一种建议或意思表示。提出要约的一方称为要约人，收到要约的一方称为受要约人。在国际贸易实务中，通常将“要约”称为“发盘”或“发价”。要约可以采用书面或口头形式做出，也可以采用行为等其他形式，但特定国家的特定合同除外，如我国的融资租赁合同应采取书面形式。

1. 有效要约的构成要件

（1）要约应向一个或一个以上特定的人发出。要约一般要向特定相对人或其代理人表示，而不能向社会公众发出。一般情况下，不向特定的人发出的缔约提议，如果提出建议的人没有表示相反的意向，就不是要约，而是要约邀请。如我国《民法典》合同编中就将面向公众寄送的价目表、拍卖公告、招标公告、招股说明书、商业广告等视为要约邀请。世界上许多国家认为，普通的商业广告、商业目录、价目表等原则上不是一项要约，而是一项要约邀请。例如：北欧各国的法律规定，向广大公众发出的商业广告并不是要约，而只是向公众发出的要约邀请，即邀请看到广告的公众向刊登广告的人发出要约。发出邀请的一方原则上不受要约邀请的约束，也没有义务必须与因见到邀请而发出要约的人订立合同。这就是要约邀请与要约的实质区别。英美法系的判例法认为，商业广告原则上虽然不是一项要约，但如果广告的内容十分明确具体，足以构成一项许诺，也可视之为要约。

在个别情况下，要约也可以向不特定的人发出。例如：根据各国法律规定，悬赏广告、自动售货机和公共汽车运营等，虽然接受要约的一方并非特定的人，仍视为要约。

（2）要约的内容必须具体明确。各国法律均规定，要约一般应包括拟订立合同的主要条件，如商品的名称、数量、品质或规格、交货的时间和地点以及付款的方式等，一旦受要约人表示承诺，就足以成立一项对双方当事人都有约束力的合同，不至于因为缺少某项重要条件影响合同的有效成立。但是，要约人不必在要约中载明合同的全部条款，只要达到足以确定合同内容的程度即可。缺少的条件，可待以后确定。《美国统一商法典》规定："要约须明确货物的数量或计量方法，其他可以日后确定，发生争议后，由法院依所谓合理的依据确定。"《联合国国际货物销售合同公约》规定："写明货物并且明示或者暗示地规定数量和价格，或者规定如何确定数量和价格，就可以成为一个有效的要约。"因此，要约内容具体的标准至少包括品名、数量或者确定数量的方法、价格或者确定价格的方法。例如，数量：①购买小站稻米 50 吨；②购买天津小站稻米产区 2020 年全部产量。

（3）受要约约束的意思表示。要约的目的在于订立合同，因此要约必须明确表示，一旦要约被对方接受，要约人即受其约束。如果要约人没有接受约束的意思，依照法律规定就根本不存在要约，而仅是一种希望接收人做出要约，或表明他是否已准备好进行谈判，或准备好接受客商的邀请。

（4）要约必须送达受要约人。要约是一种意思表示，发出要约的目的在于让受要约人知悉要约并对要约做出承诺。要约只有到达受要约人手中，才能使受要约人知道要约的内容，做出答复，要约才能产生效力。对于要约何时生效，各国法律有不同的规定，大陆法规定：要约必须在送达受要约人之后才能生效。《联合国国际货物销售合同公约》第 15 条、《国际商事合同通则》第 2 条、第 3 条以及我国《民法典》合同编中均规定，要约于送达受要约人时生效。至于如何确定送达受要约人的时间，应视具体情况而定：口头要约或电话要约一旦对方听到即视为到达受要约人；以其他方式做出的要约，在其进入受要约人的控制区域或其可能获得该信息时就视为到达。因此，邮寄的要约在要约被投入受要约人的信箱或邮箱，或交付给获得受要约人授权代表或收信的某人手中时，即视为到达受要约人。

2. 要约的效力

要约的效力是指生效后的要约对双方当事人的约束力。它包括对要约人和受要约人的约束力两方面。

（1）要约的生效时间。要约的生效时间，因要约的不同形式而有差异：

1）口头形式的要约。对口头形式的要约，其法律效力从相对人了解要约开始生效，相对人了解要约内容应以通常情况下一般人所能理解的要约为标准。

2）书面形式的要约。对于书面形式的要约，其法律效力的生效时间，理论上有两种见解，即投邮主义和到达主义。投邮主义，又称发信主义，即要约人发出要约之后，只要要约处于要约人控制范围之外，要约即产生效力。到达主义，又称受信主义，是指要约人必须到达受要约人之时才能产生法律效力。大陆法系大都采取到达主义，即主张要约到达受要约人时生效。《联合国国际货物销售合同公约》和我国《合同法》均采取到达主义。

（2）要约的约束力。要约的约束力是指要约在其效力的存续期间对要约当事人所具有的法律上的约束力。要约效力的存续期间是指要约从生效到失效的期间，包括要约具体规定的存续期限和要约没有规定由法院根据具体案情确定的合理期限，如要约规定的有效期为 10 天，则其存续期限即为 10 天。

1）要约对受要约人的约束力。一般说来，受要约人接到要约，便在法律上取得承诺的权利，但受要约人没有必须承诺的义务，即使不承诺，也没有必须通过要约人的义务。但部分国家的法律规定，在某些特定情况下，受要约人应将是否承诺的决定及时通知要约人，如德国和日本商法典都规定，商人对于平时经常来往的客户，在其经营范围内，在接到要约时无论承诺与否，都必须立即通知要约人，如怠于通知，则视为承诺。德、日等国的规定仅适用于法律规定的特定情形，是承诺的特例。缄默不等于承诺，是法律的一般原则。

要约对受要约人的约束力，主要表现在受要约人必须根据要约规定的期限、方式做出承诺，才能构成有效承诺，否则，承诺无效。

2）要约对要约人的约束力。对于要约对要约人的约束力，大陆法系和英美法系的规定存在较大分歧。大陆法系认为要约到达受要约人前即要约生效之前，对要约人没有约束力，要约对要约人的约束力主要表现在要约达到受要约人生效后，要约人不得违反法律或要约规定随意撤销要约或者变更要约内容。英美法系一般认为要约原则上对要约人没有约束力，要约人在受要约人做出承诺之前，可随意撤销要约或者变更要约内容，只有在受要约人做出承诺之后，要约人才受其要约的约束。

（3）要约的撤回与撤销。在国际贸易实务中，在要约人发出要约之后，受要约人做出承诺之前，要约人为维护自己的经济权益，基于市场和认识的变化，撤回或撤销要约，是常见的市场行为，但这种行为应以不损害受要约人的合法权益为前提。合同法中的要约撤回和撤销的制度旨在规范要约人撤回和撤销的行为。

1）要约的撤回。要约的撤回是指要约人在发出要约之后，在要约尚未到达受要约人之前，将该要约收回，使其不发生法律效力。

2）要约的撤销。要约的撤销是指要约人在要约已到达受要约人之后，受要约人做出承诺之前，将要约收回，使要约的效力归于消灭。

为了调和两大法系在该问题上的法律冲突，《联合国国际货物销售合同公约》第 16 条兼采取了两大法系的主张，该条第一款规定，在合同成立以前，要约可以撤销，但撤销通知应当于受要约人发出承诺通知前到达受要约人。该款规定主要反映英美法系的原则。该条第二款规定，在下列情况下，要约不得撤销：第一，要约中规定了承诺期限或者以其他形式明示要约是不可撤销的；第二，受要约人有理由相信要约是不可撤销的，并已经为履行合同做了准备工作。该款规定主要反映大陆法系的规则。按《联合国国际货物销售合同公约》第16条规定，除该条第二款规定的两种情形外，要约可以撤销。

要约的撤回与撤销都是旨在消灭要约的约束力，且都发生在承诺之前，但其区别在于，撤回是发生在要约生效以前，而撤销是发生在要约生效之后。

（4）要约的失效。要约的失效即要约消灭，是指要约丧失了对要约人和受要约人的法律约束力。导致要约失效的原因主要有：

1）因法律原因终止。如果要约人或受要约人死亡、丧失民事行为能力，法人破产、解散以及标的物灭失或变得不合法，要约均自行失效。

2）要约人撤回或撤销要约。要约人在要约到达受要约人之前可以撤回要约，即使是不可撤销的要约，也可以撤回，只要撤回的通知先于或与要约同时到达受要约人，撤回的目的就是阻止尚未生效的要约生效。撤销要约的目的是使已经生效的要约失效，但是由于此时要约已生效，受要约人已取得承诺的权利，所以撤销要约的通知必须在承诺通知到达要约人之前到达受要约人。

3）要约过期。要约规定了承诺的期限，而受要约人在承诺期限届满前未做出承诺，则要约自行失效。如果受要约人在承诺期满后做出承诺，只能算作新要约，只有对方再进行承诺后，合同才成立。没有规定承诺期限的要约，如果双方以对话形式磋商，则要约人发出要约后，受要约人必须对此对话要约立即承诺，否则要约失效，对话包括面对面的对话和电话对话；如果要约双方分处异地，以信函方式发出要约，如果受要约人在“依通常情形可期待要约到达的期限内”或是“合理的期限内”未做出承诺，则要约失效。

4）受要约人拒绝或提出反要约。要约可因受要约人拒绝或反要约而终止。要约一经拒绝即终止，受要约人不能再通过承诺恢复其效力。如果承诺是附有条件的，包含了新的条款或者以某种方式改变了原要约中的条款，则构成了反要约，反要约是一项新的要约，而不是有效的承诺。反要约构成对原要约的拒绝，使原要约终止。

（二）承诺

1. 承诺的概念

承诺，是指受要约人以成立合同为目的，对要约人提出的要约表示同意的意思表示。要约一经承诺，合同即告成立。在我国外贸实务中，承诺又称为“接盘”或“接受”。承诺可以采用书面、口头形式，也可以用行动做出。

2. 承诺的有效要件

（1）承诺必须由受要约人发出。受要约人是要约人所选择的，因此只有受要约人才能做出承诺。受要约人的代理人也可以在其授权范围内代替受要约人做出承诺。任何第三人在得知要约的内容后向要约人做出同意的意思表示，都不是承诺，而是向原要约人发出的要约。

（2）承诺的内容应当与要约的内容一致。承诺的内容与要约的内容一致，才能实现各方当事人意思表示一致，而使合同成立。如果受要约人在答复中对要约的内容进行了变更（包括添加、缩减或修改），则当事人各方的意思表示没有完全达成一致，因而不是承诺，而是对原要约的拒绝和提出一个新的要约。承诺的内容应当与要约的内容一致，这是大陆法系和英美法系通行的规则。

（3）承诺必须在要约的有效期内做出。按各国法律规定，承诺必须在要约的有效期或合理期限内做出，方能构成有效承诺。如果超过要约的有效期或合理期限做出，不构成有效承诺，而构成一项新的要约。该规则旨在保护要约人的合法权益，使要约人在要约的有效期或合理期限届满后，可以以原要约标的向其他人发出要约，以促进交易。

（4）承诺的方式必须符合要约所提出的要求。承诺的表现方式通常有两种：一种是书面或口头通知形式，一种是行为形式。承诺通知采用要约限定的承诺方式，除非未采用该方式并不会损害要约人的利益，要约人有权对承诺的方式进行限定，这是被各国法律普遍接受的观点。

3. 承诺的生效

承诺通知到达受要约人时生效，承诺生效时合同成立。承诺不需要通知的，根据交易习惯或者要约的要求做出承诺的行为时生效。在承诺生效的时间问题上，英美法系和大陆法系存在分歧，英美法系采取“投邮主义”，即“发信主义”，即受要约人将信件投入邮筒或将电报交付电信局，承诺即发生法律效力。大陆法系采取“到达主义”，即承诺的意思表示到达要约人支配的范围时，承诺才发生法律效力。《联合国国际货物销售合同公约》和我国《民法典》合同编基本采取大陆法系的观点。我国《民法典》第四百八十四条规定：“以通知方式做出的承诺，生效的时间适用本法第一百三十七条的规定。承诺不需要通知的，根据交易习惯或者要约的要求做出承诺的行为时生效。”

4. 承诺的撤回

承诺的撤回是指受要约人阻止承诺发生法律效力的意思表示。承诺可以撤回，但撤回承诺的通知应当在承诺通知到达要约人之前或者与承诺通知同时到达要约人，即撤回承诺的通知必须在承诺生效之前到达要约人，或与承诺通知同时到达要约人，承诺才能成功撤回。如果承诺已经生效，则合同已经成立，受要约人不能再撤回承诺，更不能撤销承诺，如果允许撤销承诺，等于赋予承诺人任意撕毁合同的权利。承诺一经撤回，即不发生承诺的效力，也就阻止了合同的成立。

二、当事人应具有订立合同的能力

当事人订立合同的能力是指订立合同的当事人应当具有订立合同的资格和能力，即当事人有权利订立合同，并有能力履行合同。这是合同具有法律效力的条件。当事人是否具有订立合同的能力是由法律所决定的，不是以当事人的意愿为转移的。各国法律对此都有明确的规定，具体包括自然人和法人两个方面。

（一）自然人订立合同的能力

当事人的理解和判断能力必须达到一定水平，在法律上才可以被视为具有订约的行为能力。各国法律均明示或默示合同当事人应具有订约能力。就作为合同当事人的自然人而言，各国法律基本上都将其划分为有行为能力、限制行为能力和无行为能力的人，但在具体的划分标准上各个国家的规定不尽相同。通常认为，精神、智力正常的成年人具备行为能力，但是各国对成年人年龄界限的界定没有统一的标准。比如，德国和英国以 18 岁为成年的标准，日本和瑞士以 20 岁为成年的标准，阿根廷以 21 岁为成年的标准。

1. 大陆法系

《德国民法典》第 2 条规定成年人的年龄是 18 岁。依该法典第 106 条规定，7 岁以上 18 岁以下的人为限制行为能力人。其订立的合同必须由其法定的代理人同意方可生效，未经法定代理人同意而订立的合同须经法定代理人的追认后才产生效力。

德国法主要对无行为能力和限制行为能力做了规定。《德国民法典》第 104 条规定，凡有下列情况之一者，即属于无行为能力的人：①未满七岁的儿童；②因精神错乱不能自由决定意志者，而按其性质此种状态并非暂时的；③因患精神病而受禁治产的宣告者。这些人订立的合同是没有法律效力的。禁治产者是指成年人因患精神病或因酗酒不能处理自己的事务，或者因挥霍、浪费或游手好闲导致陷入贫困或影响家庭义务，其亲属可向法院提出请求，由法院宣告禁止其治理财产。这是大陆法系国家民法典普遍规定的制度。

法国法没有无行为能力和限制行为能力的区别，仅以缔约当事人的行为能力作为合同有效成立的必要条件。依据《法国民法典》第 488 条第一款规定："年满 18 周岁为成年人，满 18 周岁的人，有能力实施民事生活之所有行为。"解除亲权是法国法特有的一项制度。此制度规定，不到 21 岁的未成年人因结婚而解除亲权；年满 16 岁的成年人虽未结婚，也可由父母请求监护法官宣告解除亲权，成为民事行为能力人，但不得从事商业活动。未成年人和受法律保护的成年人订立的合同必须取得其监护人或管理人同意，否则无效。

2. 英美法系

英美法系中没有禁治产和解除亲权的制度，而是直接对未成年人、有精神缺陷的人、酗酒者三种缺乏缔约能力的人所订立的合同做了规定。

（1）未成年人。在英国、美国都已经通过制定法，把成年的年龄定在18周岁。英国和美国法均规定，未成年人原则上没有订立合同的能力。未成年人对其订立的合同，在其成年后，可以予以追认，也可以要求撤销，但有些合同例外。例如：未满18岁的未成年人所订立的受让必需品的合同及为其自身利益订立的教育合同有效。未成年人订立的对其具有延续性或永久性利益，并对其产生延续性责任的合同，在未成年期间及成年后的合理期间内有权要求撤销。合同撤销后，未成年人原则上应退还因订立该合同所取得的财物。

（2）有精神缺陷的人。有精神缺陷的人在被宣告精神错乱以后订立的合同一律无效。对于在被宣告精神错乱前所签订的合同，可以要求予以撤销。间歇性的精神病人，一旦精神恢复正常，可以追认或否认其以前订立的合同。

（3）酗酒者。确认酗酒者在订立合同时是否清醒、有无判断力和理解力，对于认定合同的效力具有决定性的意义。但是，在司法实践中确认起来很难。依照英美的判例，酗酒者订立的合同，原则上应有强制执行力，但如酗酒者在订立合同时，由于醉酒而失去缔约能力，则可要求撤销合同。

3. 中国法

按照我国《民法典》的规定，当事人的缔约能力分为以下三种：

（1）完全民事行为能力。《民法典》第十七条、第十八条规定："十八周岁以上的自然人为成年人。不满十八周岁的自然人为未成年人。""成年人为完全民事行为能力人，可以独立实施民事法律行为。十六周岁以上的未成年人，以自己的劳动收入为主要生活来源的，视为完全民事行为能力人。"完全民事行为能力人，可以独立进行民事活动，包括订立各种合同。

（2）限制民事行为能力。《民法典》第十九条、第二十二条规定："八周岁以上的未成年人为限制民事行为能力人，实施民事法律行为由其法定代理人代理或者经其法定代理人同意、追认；但是，可以独立实施纯获利益的民事法律行为或者与其年龄、智力相适应的民事法律行为。""不能完全辨认自己行为的成年人为限制民事行为能力人，实施民事法律行为由其法定代理人代理或者经其法定代理人同意、追认；但是，可以独立实施纯获利益的民事法律行为或者与其智力、精神健康状况相适应的民事法律行为。"

（3）无民事行为能力。在我国，无民事行为能力的人有两种：一种是不满八周岁的未成年人，一种是不能辨认自己行为的精神病人。对这两种人，法律不赋予其行为能力，他们不能实施有效的法律行为。因此，他们签订的合同是无效的，必须由其法定代理人代为进行。

（二）法人的行为能力

法人是国际商事活动的基本主体。法人的主要形式是公司，因此法人的行为能力主要是指公司的订约能力。对于法人和其他组织而言，只要领取了营业执照即具有了订立合同的主体资格。

按照各国的法律规定，公司必须通过它授权的代理人才能订立合同，并且其活动范围不得超过公司章程的规定。如果公司订立的合同超出公司章程的规定，则属于越权行为，在法律上无效。我国的司法实践也曾采取这一做法。然而随着经济的发展，这一原则已不能适应现代商事活动的发展，为此许多大陆法系国家的公司法都规定，公司缔约能力超越章程范围时如不能证明相对人为恶意，那么合同仍为有效；在此情况下，仅发生有关负责人对公司的民事责任。这一规定的目的在于保护善意合同当事人，促进和鼓励交易的进行。

三、合同必须有对价或约因的支持

某些国家的法律规定，一项有效的合同，除了当事人意思表示一致外，还必须具备另一个要素。这个要素，英国和美国法称为“对价”，法国法称为“约因”。

（一）对价

对价是英美法系国家合同法中的一个重要概念。它是指合同一方为了从另一方得到某种权利利益、利润或好处而付出的具有法律价值的代价，包括积极的作为和消极的不作为。通俗地说，对价是对履行义务当事人一方的某种回报，也是一方为取得合同权利而向另一方支付的“代价”。对价可以是某种允诺，也可以是某种行为。一方的允诺或行为可以成为另一方允诺或行为的对价。

（二）约因

约因主要在法国法中有明确规定，法国法将约因作为合同有效成立的要素之一。按照法国法的解释，债的约因是指订约当事人产生这项债务所追求的最接近、最直接的目的。

四、合同的标的必须合法

从法律上看，合同之所以能够产生法律效力，就在于合同符合法律规定，各国法律对此都有相应规定，要求合同不得违背强制性法律规定、社会公共利益和社会公德。以下是各国对违法合同及其后果的主要规定：

（一）大陆法系

大陆法系国家在法律实践中一般将合同违法、违背善良风俗或者公共秩序区分成两种形式，即合同违法与不道德。

法国法将合同违法分成两种情况：一种情况是交易的标的物是法律不允许进行交易的物品，如毒品或其他违禁品等；另一种是合同的约因不合法，即合同所追求的目的不合法，如甲付钱给乙，让乙为自己作伪证，这样的合同是无效的，因为其追求的目的是违法的。

德国法将合同视作法律行为，对于合同违法的判定侧重于法律行为和整个合同的内容是否违法。《德国民法典》第 134 条规定："法律行为违反制定法的禁止性规定时无效，除非可以从制定法推定出不同动机。"该法典第 138 条规定："违反善良风俗的法律行为无效，特别是，某人以法律行为利用他人急迫情况，无经验，缺乏判断能力或意志薄弱，使其向自己或第三人对一项给付作约定或给予财产利益，而此种财产利益与给付明显不成比例的，该法律行为无效。"由此可见，德国法认为，违反法律、善良风俗的合同为无效合同。

（二）英美法系

由于英美法系以判例法为主体，因而不能将合同违法的情况进行高度概括，只能根据某些成文法的规定和判例法的原则，将违法的情况大致分为违反公共政策、合同不道德和合同违反法律三类。

1. 违反公共政策

违反公共政策是英美法系所独有的概念。违反公共政策的合同是指损害公众利益，违反某些成文法所规定的政策目标或旨在妨碍公众健康、安全、道德以及一般社会福利的合同。公共政策这个概念十分广泛，但往往同一个国家的政治和经济的政策有关，如违反反托拉斯法的合同、妨碍司法公正的合同等，此类合同不仅无效，而且当事人往往还要被追究刑事责任。

2. 合同不道德

不道德的合同是指那些违反社会公认的道德标准，如果法院予以承认将会引起正常人愤慨的合同。道德标准往往与一个国家的社会公众对于道德的共同认识有关，各国法律对此的解释也不一致，因此，对于某种合同是否符合道德标准，也有不同的看法。例如：在有关律师费用问题上，大陆法系认为，以胜诉或按胜诉判决获得金额的百分比付律师费用的合同都是不道德的，因而无效，而按美国法律，这是正常做法。

3. 合同违反法律

违法的合同所包括的范围较广，只要是违反法律或按法律规定必须有执照才能开业的专业人员无照经营所开具的合同，均属于违法合同，如以诈骗为目的的合同、无照医师与病人的医疗合同等均属违法合同。

从合同违法的后果来看，英美法系与大陆法系的规定是近似的，即此类合同均属于无效合同，既不产生权利，也不产生义务。当事人不能要求履行合同，也不能要求赔偿损失。为阻止这种非法的交易，原则上法院也不允许依此类合同提起诉讼，除非一方是在受骗、被威胁或受到经济上的压力而订立的违法合同，对其已履行的部分要求对方返还。

（三）中国法

我国《民法典》第一百四十三条："具备下列条件的民事法律行为有效：（一）行为人具有相应的民事行为能力；（二）意思表示真实；（三）不违反法律、行政法规的强制性规定，不违背公序良俗。"这就要求当事人订立、履行合同，应当遵守法律、行政法规，尊重社会公德，不得扰乱社会经济秩序，损害社会公共利益。

关于合同无效的后果，依据我国《民法典》的规定，无效的合同没有法律约束力。在合同被认定无效之后，当事人因合同取得的财产应予以返还；不能返还的应当折价补偿；有过错的一方应当赔偿对方因此所受到的损失；双方都有过错的，应当各自承担相应的责任。当事人恶意串通，损害国家、集体或者第三人利益，因此取得的财产收归国家所有或者返还集体、第三人。

五、当事人的合意必须真实

合同是当事双方意思表示一致的结果，但意思表示一致并不代表意思表示真实，如当事人的意思有错误或意思与表示不一致等。各国合同法通常将意思表示不真实分成以下四种情况：

（一）错误

错误是指表意人表意时，由于认识不正确或欠缺认识而导致的意思和表示不一致。各国法律都一致认为，并不是任何意思表示的错误，都足以使表意人主张合同无效。只有在错误对表意人的利益造成严重损害，造成当事人双方利益严重失衡的情形下，表意人才可以主张合同无效或主张变更、撤销合同。

我国《民法总则》第一百四十七条规定："基于重大误解实施的民事法律行为，行为人有权请求人民法院或者仲裁机构予以撤销。"重大误解是指行为人因行为的性质，对方当事人，标的物的品种、质量、规格和数量等的错误认识，使行为的后果与自己的真实意思相悖，并造成较大损失。

《国际商事合同通则》对错误的定义为：错误是指对合同订立时已经存在的事实或法律所做的不正确的假设。还规定，必须是订立合同时相关的严重错误，才可宣告合同无效。判断错误的分量和重要性应参考主、客观两方面的标准进行衡量，依据的是"一个通情达理的人"的标准。非错误方须符合下列四种条件之一时，错误方才能宣告合同无效：①双方当事人都犯了相同的错误；②错误方的错误是由另一方当事人造成的；③另一方当事人知道或理应知道错误方的错误，但是却违背公平交易的合理商业标准，使错误方一直处于错误状态之中；④在宣告合同无效时，另一方当事人尚未依其对合同的信赖行事。

（二）欺诈

欺诈是指当事人一方故意编造虚假情况或隐瞒真实情况，使对方陷入错误而违背自己真实意思表示的行为。各国法律普遍认为，因欺诈而订立的合同，受欺诈的一方可以撤销合同或主张合同无效。

沉默是否构成欺诈？各国的规定略有差异：

德国判例认为，只有当一方负有对某种事实做出说明义务时，不做这种说明才能构成欺诈。如果不负有这种义务，则不构成欺诈。至于当事人是否负有义务，应根据合同的具体规定确定。法国最高法院也持类似的观点。

英国普通法认为，单纯沉默原则上不能构成不正确说明。因为一般说来，合同当事人没有义务把各项事实向对方披露，即使他知道对方忽略了某种重要事实，或他认为对方可能有某种误会，他也没义务向对方说明。但在下列情况下，英国法也认为当事人负有披露实情的义务：第一，如果在交易磋商中，一方当事人对某种事实所做的说明原来是真实的，但后来在签订合同之前发现此项事实已经发生变化，变得不真实了，在这种情况下，即使对方没有提出询问，该当事人也有义务向对方改正其先前做出的说明。第二，凡属诚信合同，如保险合同、公司分派股票的合同、处理家庭财产的合同等，由于往往只有一方当事人了解全部事实真相，所以，该当事人有义务向对方披露真相，否则即构成不正确说明。

（三）胁迫

胁迫是指当事人一方以暴力、威胁或其他手段使对方当事人产生恐惧并因此而订立合同的行为。当一方使用胁迫的手段迫使另一方接受合同条件时，受胁迫人的意思表示是不真实的或有瑕疵的，不能产生法律上意思表示的效果。各国法律一致认为，凡是在胁迫之下订立的合同，受胁迫的一方都可以主张合同无效或撤销合同。

（四）显失公平

显失公平与错误、欺诈、胁迫一样，都属于不能体现当事人真实意思的情形。这项制度最先起源于罗马法，《查士丁尼法典》首创了“短少逾半规则”，即买卖价金少于标的物价值一半时，出卖人可以解除合同，返还价金并请求返还标的物。现代各国法律及判例均规定，在显失公平情况下订立的合同，准许处于不利的一方请求撤销或予以变更。我国《民法总则》第一百五十一条规定：“一方利用对方处于危困状态、缺乏判断能力等情形，致使民事法律行为成立时显失公平的，受损害方有权请求人民法院或者仲裁机构予以撤销”。

六、合同必须按照法律规定的形式签订

根据法律的规定，合同必须具备一定的形式，合同可分为要式合同和不要式合同。要式合同是指合同订立时必须按照法定的形式或程序订立才能生效的合同。不要式合同是指法律上不要求特定的形式订立的合同。在现实生活中，当事人订立合同时采用哪种形式，往往依据具体情况而定。

大陆法系在合同形式问题上采取的是不要式合同原则，只有某些特殊的合同才要求具备法定的形式，其他合同都不要求具备特定的形式。英美法系将合同划分为两类：一类是签字蜡封合同，这种合同不要求对价即可生效，即以合同形式作为合同成立的要件，属于要式合同；另一类是简式合同，包括口头合同和非以签字蜡封形式的一般书面合同，这类合同必须有对价方为有效。

我国《民法典》第四百六十九条规定：“当事人订立合同，可以采用书面形式、口头形式或者其他形式。书面形式是合同书、信件、电报、电传、传真等可以有形地表现所载内容的形式。以电子数据交换、电子邮件等方式能够有形地表现所载内容，并可以随时调取查用的数据电文，视为书面形式。”我国《民法典》合同编中明确规定必须采用书面形式订立的合同有：借款合同、租期 6 个月以上的租赁合同、融资租赁合同、建设工程合同、技术开发合同和技术转让合同等。

《国际商事合同通则》和《联合国国际货物销售合同公约》中对国际商事合同的形式原则上不加以任何限制。《联合国国际货物销售合同公约》第 11 条明确规定：“买卖合同无须以书面订立或书面证明，在形式方面不受任何其他条件的限制。销售合同可以用包括人证在内的任何方法证明。”同时考虑到一些成员国在合同形式上的硬性规定，该公约允许成员国在参加公约时对该条提出保留。《国际商事合同通则》对合同的形式要求与《联合国国际货物销售合同公约》一致，还规定允许当事人就合同形式达成协议，如当事人不能就此达成协议或不能满足双方对合同形式的协议，则合同不能成立。

任务实施

任务 2　案例分析

任务描述

某手机商店购进一批新型手机，每部定价为 2 998 元。售货员在制作标价牌时，误将 2 998 元标为 1 998 元。某日，顾客 A 入店，发现在别处卖近 3 000 元的手机在这里只卖 1 998 元，遂一下买了两部。事后，当售

货员再次去库房取货时，才发现每部少收了 1 000 元。商店经多方查找，终于找到 A，要求退货或补足差价。A 称，自己买回两部手机是付了钱的，买卖已成交，岂有退货之理；再说，其中一部手机已以 2 600 元卖给了同事 B，还要看 B 是否愿意退货。商店按 A 所指找到 B，B 也拒绝了商店的要求。商店遂以 A、B 为被告至法院，要求退货或补足差价。试分析：

1. 商店与 A 之间民事行为的性质及法律后果如何?

2. 商店对 A、B 的诉讼请求能否成立？为什么?

任务分析

本案例涉及合同买卖双方对交易事项产生重大误解后，合同的法律效力问题。当涉及合同以外第三人（善意或者恶意）时，合同的效力问题。建议仔细研读《民法典》有关民事法律行为的效力的法律条文（第一百四十七条至第一百五十一条）以及《物权法》第一百零六条。

任务完成

____

____

____

项目三

合同的效力

项目概述

通过本项目的学习，理解合同效力的概念；从合同效力角度掌握有效合同、无效合同、效力待定合同和可撤销、可变更的合同各自的法律规定。

基础知识

合同效力又称为合同的法律效力，是指依法成立的合同在当事人之间乃至对第三人所具有的法律约束力。我国《民法典》第四百六十五条规定："依法成立的合同，受法律保护。依法成立的合同，仅对当事人具有法律约束力，但是法律另有规定的除外。"当事人应当按照约定履行自己的义务，不得擅自变更或者解除合同。依法成立的合同受法律保护。合同的成立与合同的效力不同。合同成立与否取决于当事人之间是否就合同内容达成一致。而合同是否生效则取决于是否符合法律规定的有效条件。合同成立以后，既可能因符合法律规定而生效，也可能因违反法律、行政法规或者意思表示不真实而无效。根据《民法典》合同编的规定，从效力角度可以把合同划分为有效合同、无效合同、效力待定合同和可变更、可撤销的合同四大类。

一、有效合同

（一）有效合同的概念

有效合同又称为生效合同，是指符合法律规定的有效要件，因而对当事人具有法律约束力的合同。

（二）合同生效的时间

1. 依法成立的合同，自成立时生效

法律规定需要采用书面形式的合同，则应以当事人签订书面合同并在合同上由双方签字盖章后才能宣告合同成立生效。对于法律、行政法规规定应当办理批准、登记手续的合同则从登记之日起合同成立并生效。如果当事人没有依照法律、行政法规办理批准、登记等手续，其结果是合同不生效。

2. 附条件和附期限的合同

对于附条件和附期限的合同来说，承诺生效之时，合同已经成立但没有生效，当事人对合同的效力可以约定附条件。附条件的合同指合同的双方当事人在合同中约定某种事实状态，并以其将来发生或不发生作为合同生效或不生效的限制条件。附生效条件的合同，自条件发生时生效。附解除条件的合同，自条件发生时失效。当事人为自己的利益不正当地阻止条件发生的，视为条件已发生；不正当地促成条件发生的，视为条件未发生。

当事人对合同的效力可以约定附期限。附期限的合同是指以将来确定到来的期限作为合同的条款，并以该期限的到来作为合同的效力发生或终止根据的合同。附生效期限的合同，自期限届至时生效。附终止期限的合同，自期限届满时失效。该期限可以是一个具体的日期，也可以是一个期间。

二、无效合同

（一）无效合同的概念

无效合同是指合同虽已订立，但因严重欠缺合同生效要件而不产生法律约束力的合同。包括合同全部无效和部分无效两种情形。合同无效不同于合同未成立。无效合同自始、绝对、当然不发生法律效力，国家不予承认和保护。

（二）导致合同无效的事由

1. 一方以欺诈、胁迫的手段订立合同，损害国家利益

因欺诈而订立的合同是在受欺诈人因欺诈行为发生错误认识而作意思表示的基础上产生的。胁迫是指行为人以将要发生的损害或者以直接实施损害相威胁，使对方当事人产生恐惧而与之订立合同，是以给公民及其亲友的生命健康、荣誉、名誉、财产等造成损害或者以给法人的荣誉、名誉、财产等造成损害为要挟，迫使相对方做出违背真实意思表示的行为。胁迫也是影响合同效力的原因之一。但以欺诈、胁迫等手段订立的合同，只有在有损国家利益时，合同才为无效。

2. 恶意串通，损害国家、集体或者第三人利益

恶意是指当事人明知其所订立的合同将造成国家、集体或者第三人的损害，而仍然故意为之。串通是指当事人双方有损害国家、集体或者第三人利益的共同目的。恶意串通是指当事人为实现某种目的，串通一气，共同实施所订合同的民事行为，造成国家、集体或者第三人利益损害的违法行为。该类行为在司法实践中并不少见。诸如，债务人为规避强制执行，而与相对方订立虚假的买卖合同、虚假的抵押合同或虚假的赠与合同等。代理人与第三人勾结而订立合同，损害被代理人的利益的行为，也为典型的恶意串通行为。该类合同损害了国家、集体或者第三人的利益，对社会危害极大，根据我国《民法典》第一百五十四条规定："行为人与相对人恶意串通，损害他人合法权益的民事法律行为无效。"将其纳入无效合同中，以维护国家、集体或者第三人的利益和正常的交易秩序。

3. 以合法形式掩盖非法目的

以合法形式掩盖非法目的也称为隐匿行为，是指当事人通过实施合法的行为来掩盖其真实的非法目的，或者实施的行为在形式上是合法的，但是在内容上是非法的行为，即行为人为达到非法目的以迂回的方法避开了法律或行政法规的强制性规定，所以又称为伪装合同。

当事人实施以合法形式掩盖非法目的的行为时，在行为的外在表现形式上，并不是违反法律的，但是这个形式并不是当事人所要达到的目的，不是当事人的真实意图，而是通过这样的合法形式，来掩盖和达到其真实的非法目的。因此，对于这种隐匿行为，应当区分其外在形式与真实意图，准确认定当事人所实施的合同行为的效力。

4. 违反法律、行政法规的强制性规定

确定合同无效，应当以法律、行政法规为依据，不能以地方性法规、行政规章为依据。法律、行政法规依其性质可分为强制性规定和任意性规定。违反法律、行政法规的强制性规定的合同才可能是无效合同，而违反法律、行政法规的任意性规范并不会导致合同的无效。

（三）无效合同的处理

1. 返还财产

合同被确认无效后，因该合同取得的财产，应当予以返还；不能返还或者没有必要返还的，应当折价补偿。

2. 赔偿损失

有过错的一方应当赔偿对方因此所受到的损失；双方都有过错的，应当各自承担相应的责任。

3. 财产收归国家所有或者返还集体、第三人

当事人恶意串通，损害国家、集体或者第三人利益的，因此取得的财产收归国家所有或者返还集体、第三人。

三、效力待定合同

效力待定合同是指合同成立后，是否生效尚处于不确定状态，有待于法定权利人做出是否追认或者予以撤销才能确定是否生效的合同。我国现行法律规定的效力待定合同包括以下四种情形。

（一）限制民事行为能力人订立的合同

限制民事行为能力人依法只能独立订立与其年龄、智力和精神状况相适应或纯受益的合同，不必经法定代理人的追认，合同当然有效。订立具有重大利益的双务合同依法应由其法定代理人代理或经其法定代理人同意，否则，便是效力待定合同。该合同经其法定代理人追认，合同有效；如果法定代理人不予追认，则合同无效。为了实现公平，法律同时赋予善意相对人以催告权和撤销权，在合同未被追认之前，善意相对人有权催告所涉法定代理人于一个月内做出是否予以追认的决定，或撤销所涉合同，撤销权应以通知的方式做出。“善意”是指合同的相对人在签订合同时并不知道或者不可能知道对方当事人是限制民事行为能力人。

（二）表见代理以外的无权代理人代理本人订立的合同

代理人的代理行为基于有效代理权的基础上方能有效，除表见代理外，无权代理人以本人的名义与相对人订立的合同为效力待定合同。该合同经其被代理人追认后生效，否则，合同无效。在这种情形下，善意相对人也有催告权和撤销权。

（三）无处分权人订立的合同

无权处分是指行为人没有处分权，却以自己的名义实施的对他人财产的法律上的处分行为。财产的处分权只能由享有处分权的人行使，无处分权的人不得擅自处分他人的财产。无权处分行为是否发生效力，取决于权利人是否追认或处分人是否取得处分权。在权利人追认或者无处分权的人取得处分

权之前，该合同的效力处于待定状态。

（四）债务人未经债权人同意转让债务的合同

债务人转让债务依法须经债权人同意方有效，因此债务人未经债权人同意转让债务的合同，属于效力待定的合同，转让合同经债权人追认后生效；否则，合同无效。

四、可变更、可撤销的合同

（一）可变更、可撤销合同的概念和特征

可变更、可撤销合同是指当事人在订立合同时，因意思表示不真实，法律允许有撤销权的当事人通过行使变更或撤销权使已经生效的合同变更内容或归于消灭的合同。

（二）导致合同变更或撤销的事由

我国《民法典》第一百四十七条、第一百四十八条、第一百四十九条、第一百五十条、第一百五十一条对可撤销的民事法律行为做出了具体的规定。当事人可申请变更或撤销合同的法定事由包括：因重大误解订立的合同；显失公平的合同；以欺诈、胁迫手段或者乘人之危订立，未损害国家利益的合同。

1. 因重大误解订立的合同

重大误解的合同是指当事人因自己的过错对合同的内容发生错误认识而订立的合同。如对合同性质、合同标的和合同当事人等的误解。重大误解直接影响当事人所应享有的权利和承担的义务，所以经一方当事人请求，可以变更或撤销。

2. 显失公平的合同

显失公平的合同是指一方当事人在情况紧迫或者对方缺乏经验的情况下订立的当事人之间的权利义务严重不对等，使对方遭受重大不利的合同。这种合同使当事人在经济利益上严重失衡，违反了公平合理的原则。法律规定显失公平的合同应予撤销，不仅是公平原则的体现，而且对保证交易的公正性和保护消费者的利益，防止一方当事人利用优势或利用对方没有经验而损害对方的利益都有重要的意义，当事人有权请求变更或撤销。

3. 一方以欺诈、胁迫的手段或乘人之危，使对方在违背真实意思的情况下订立的合同

一方以欺诈、胁迫的手段或者乘人之危，使对方在违背真实意思的情况下订立的合同，受损害方有权请求人民法院或者仲裁机构变更或者撤销合同。但一方以欺诈、胁迫的手段而订立的合同，如果损害国家利益，则不属于可变更或者可撤销的合同，而是无效合同。

（三）合同被撤销后财产的处理

被撤销的合同同无效合同一样，自始没有法律约束力。如果合同只是部

分内容被撤销而无效，不影响其他部分的效力，其他部分仍然有效。合同被撤销的，不影响合同中独立存在的有关解决争议方法的条款的效力。

合同被撤销后，合同已经履行的，当事人应当返还财产；不能返还或者没有必要返还的，应当折价赔偿。有过错的一方应当赔偿对方因此所受到的损失。双方都有过错的，应当各自承担相应的责任。

任务实施

任务3 案例分析

任务描述

合肥市小学生田某，现年10岁，一天她到当地百货大楼以6 000元的价格为自己购买了一条项链。回家后被其父发现，并要求百货大楼退款，请问：

1. 田某的买卖行为是否已经生效?

2. 田某的父亲要求百货大楼退款是否合乎法律规定?

3. 如果田某购买的是价值30元的文具，其父是否有权主张百货大楼退款?

任务分析

本案例涉及限制民事行为能力人签订合同的效力问题，请认真研读《民法典》第一百四十四条、第一百四十五条和有关限制民事行为能力人的相关规定。

任务完成

____

____

____

项目四

合同的履行

项目概述

通过本项目的学习，掌握合同履行的概念；理解合同履行的基本原则；熟练掌握在合同履行过程中同时履行抗辩权、顺序履行抗辩权、不安抗辩权三种抗辩权各自的法律规定；熟练掌握在合同的保全过程中债权人的代位权、撤销权的法律规定；理解保证和定金在合同担保中的作用。

基础知识

合同的履行是指合同生效后，当事人按照合同规定的条款，完成各自应承担的义务和实现各自享受的权利，使双方当事人的合同目的得以实现的过程。当事人完成了自己应承担的全部义务，称为全部履行；当事人完成了自己应承担义务的一部分，称为部分履行。一项生效的合同，只有通过履行，才能实现合同的目的。

一、合同履行的原则

合同履行的原则，是指合同当事人在履行合同过程中所应遵循的基本准则。它可以弥补合同立法的不周延性缺陷，又可以限定法官在裁定合同纠纷时的自由裁量权。

（一）全面履行原则

全面履行原则，又称正确履行原则或适当履行原则，指当事人应当按照合同的各个条款，全面、正确地履行自己的义务。这是履行当事人约定的义务，包括主体、标的、数量、质量、价款、报酬、期限、地点、方式等。任何一个条款都应不折不扣地履行，任何一个条款不履行都会使当事人不能实现合同目的。当事人必须履行合同规定的全部义务，而不能部分履行。部分履行行为是违约行为，要承担违约责任。

我国《民法典》第五百零九条第一款规定：“当事人应当按照约定全面履行自己的义务。”大陆法系规定，对履行合同义务的全面性、适当性加以约定，即使某些事项合同条款未必载明，当事人也应适当履行。英美法系规定了当事人必须全面履行合同的“条件”条款和“担保”条款。

（二）诚信履行原则

诚信履行原则是指当事人在履行合同义务时应当诚实，向对方提供真实的客观信息，同时为对方提供必要的协助，秉承诚实、守信、善意、不滥用权利和规避义务，根据合同的性质、目的和交易习惯履行通知、协助和保密等义务。这是当事人应当履行的法定义务。

《民法典》第五百零九条第二款规定：“当事人应当遵循诚信原则，根据合同的性质、目的和交易习惯履行通知、协助、保密等义务。”诚实信用原则，除了强调各方当事人按照法律规定或合同约定履行义务这一基本内涵外，更重要的是强调各方当事人应当履行附属义务。这些附属义务包括通知、协助和保密等。

（三）实际履行原则

实际履行原则是指合同当事人必须严格按照合同规定的标的履行自己的义务，未经权利人同意，不得以其他标的代替履行或者以支付违约金和赔偿金来免除合同规定的义务。

实际履行基本含义包括两个方面：一是当事人应自觉按约定的标的履行，不得任意以其他标的代替约定标的，尤其不能简单地用货币代替合同规定的实物或行为；二是当事人一方不履行或不完全履行时，首先应承担按约履行的责任，不得以偿付违约金或赔偿损失来代替合同标的的履行，对方当事人有权要求其实际履行。

二、合同履行中的抗辩权

视频小课堂

合同履行中的抗辩权

抗辩权是指对抗请求权或否认对方权利主张的权利，又称异议权。而合同履行中的抗辩权是指合同履行过程中，一方当事人有依据法律，根据事实和理论对抗对方要求或否认对方要求的权利。根据享有并行使抗辩权所依据的理由不同，抗辩权主要有：同时履行抗辩权、顺序履行抗辩权和不安抗辩权。

（一）同时履行抗辩权

同时履行抗辩权是指双务合同的当事人一方在他方未为对待给付之前，有权拒绝自己的履行。《民法典》第五百二十五条规定："当事人互负债务，没有先后履行顺序的，应当同时履行。一方在对方履行之前有权拒绝其履行请求。一方在对方履行债务不符合约定时，有权拒绝其相应的履行请求。"同时履行抗辩权的适用条件如下：

1. 互负债务

同一合同互负债务，在履行上存在关联性，具有对价关系，这是同时履行抗辩权的前提条件。

2. 未约定履行顺序

根据交易习惯往往比较容易确认是否为同时履行，比如现货交易中，通常是一手交钱一手交货的，属于同时履行。

3. 一方当事人未履行债务或未按约定正确履行债务

对于一方履行不符合约定的情形，另一方有权拒绝其相应的履行请求。如针对一方延迟履行、部分履行、瑕疵履行等行为，对方则可以采取拒绝履行、部分履行和要求减少价金等对抗行动。

4. 对方的对等给付是可能履行的义务

同时履行抗辩权制度旨在促使双方当事人同时履行其债务，在对方当事人不可能履行时，同时履行的目的已不可能达到，不发生同时履行抗辩权的问题，当事人可追究对方违约责任。

（二）顺序履行抗辩权

《民法典》第五百二十六条规定："当事人互负债务，有先后履行顺序，应当先履行债务一方未履行的，后履行一方有权拒绝其履行请求。先履行一方履行债务不符合约定的，后履行一方有权拒绝其相应的履行请求。"顺序履行抗辩权，又称后履行抗辩权，其适用条件如下：

（1）须双方当事人互负债务。

（2）两个债务须有先后履行顺序。至于该顺序是当事人约定的还是法律直接规定的，在所不问。如果两个对立的债务无先后履行顺序，则适用同时履行抗辩权，而不适用顺序履行抗辩权。

（3）应该先履行的一方未履行或履行债务不符合约定。

（4）应该先履行的债务有履行的可能。

（三）不安抗辩权

不安抗辩权是指在双务合同中，如果有证据证明，后履行合同的一方当事人届时将不能履行其合同义务，先履行义务的一方在对方未履行或者未提供担保前，可以拒绝先履行自己的合同义务的权利。这是为了保证交易安全和公平。不安抗辩权制度是大陆法系的一项重要制度。它适用的条件如下：

（1）双方当事人因同一双务合同而互负债务，且履行债务的一方当事人的债务尚未到履行期限。

（2）后给付义务人的履约能力明显降低，危及先给付义务人的债权实现。后给付义务人的履约能力明显降低，有不能为对等给付的现实危险，包括：经营状况严重恶化、转移财产、抽逃资金、丧失商业信誉及其他丧失或者可能丧失履行能力的情况。

（3）后给付义务人未提供适当担保。后给付义务人履约能力明显降低，有不能为对等给付的现实危险，但若提供适当担保时，先给付义务人的债权不会受到损害，也不得行使不安抗辩权；只有在未提供适当担保，危及先给付义务人的债权实现时，先给付一方才能行使不安抗辩权。

当事人没有确切证据中止履行的，应当承担违约责任。当事人中止履行合同，应当及时通知对方。对方提供适当担保时，应当恢复履行。中止履行后，对方在合理期限内未恢复履行能力并且未提供适当担保的，中止履行的一方可以解除合同。

任务实施

任务4　案例分析

任务描述

安徽A公司与江苏B公司订立了一份销售精密仪器的合同。合同规定：江苏B公司应在仪器制造过程中按进度预付货款。合同订立后，江苏

B公司获悉安徽A公司供应的仪器质量不稳定，于是立即通知安徽A公司：据悉你公司供货质量不稳定，故我方暂时中止履行合同。安徽A公司收到通知后，立即向江苏B公司提供书面保证：如不履行义务，将由银行偿付江苏B公司支付的款项。但江苏B公司收到此通知后，仍然坚持暂时中止履行合同。

请问江苏B公司是否有权这么做？为什么？

任务分析

本案涉及合同履行过程中抗辩权的适用条件。请认真研读《民法典》第五百二十五条到第五百二十八条。

任务完成

____

____

____

三、合同的保全

为了防止债务人财产的不当减少给债权人债权带来危害，确保合同债权的实现，现代合同法突破“合同相对性原则”，规定了合同保全制度。合同保全制度包括债权人的代位权和债权人的撤销权，前者旨在保持债务人的财产，后者旨在恢复债务人的财产，最终目的都是保障合同的履行。合同保全制度使合同履行制度更加完善。我国《民法典》合同编第五章合同的保全对合同保全制度进行了详细的概述。

（一）债权人的代位权

债权人的代位权是指债务人怠于行使其对第三人（即次债务人）的到期债权，危害债权人债权时，债权人为保全其债权，可以以自己的名义向法院起诉，代位行使债务人为第三人债权的权利。

债权人的代位权是一种法定权利，合同法规定的债权人行使代位权的条件包括：①债权人对债务人的债权合法并已到期。②债务人怠于行使其对第三人的到期债权。“怠于行使”是指能够通过诉讼或仲裁向债务人主张权利，而没有向债务人主张权利。③债务人怠于行使对第三人权利的行为已经对债权人的债权造成损害，即因此不能清偿对债权人的债务。④债务人的债权不是专属于债务人自身的债权。专属于债务人自身的债权，是指基于扶养关系、抚养关系、赡养关系、继承关系产生的给付请求权和劳动报酬、退休金、养老金、抚恤金、安置费、人寿保险、人身伤害赔偿请求权等权利。

代位权的行使范围以债权人的债权为限。债权人向次债务人提起的代位权诉讼经法院审理后认定代位权成立的，由次债务人向债权人履行清偿义务，债权人与债务人、债务人与次债务人之间的债权债务关系随即消灭。

（二）债权人的撤销权

债权人的撤销权是指债务人不当实施减少其财产的行为对债权人的债权造成损害时，债权人可以请求法院撤销该行为的权利。

债权人的撤销权也是一种法定权利，合同法规定的行使撤销权的法定条件包括：①债权人对债务人享有合法债权；②债务人在债权成立之后，不适当地在法律上实施处分其财产的行为，这些行为包括放弃到期债权，无偿转让财产，以明显不合理的低价转让财产等；③债务人实施的法律行为已经发生法律效力；④债务人处分撤销其财产的行为已经或将要严重损害债权人的债权；⑤债务人与第三人主观上存在恶意。

撤销权的行使范围应以债权人的债权为限、债权人依法提起撤销之诉，应以债务人为被告，以受益人或受让人为第三人；如果债权人的撤销请求获得法院支持，法院的撤销判决对债权人、债务人、受益人或受让人发生效力。债务人处理财产的行为自始无效；受益人或受让人依据被撤销的法律行为取得财产，应当返还债务人，如原物不能返还，应当折价补偿。

四、合同的担保

合同的担保是指依照法律规定或者当事人约定，为确保合同债权实现而采取的法律措施。合同的担保既可以在主合同中订立担保条款，也可以单独订立书面的担保合同。担保合同是主合同的从合同，主合同无效，担保合同也无效。

法定的担保形式有保证、抵押、质押、留置和定金。这里主要介绍保证和定金制度。

（一）保证

1. 保证的概念

保证是指保证人和债权人约定，当债务人不履行债务时，保证人按照约定履行债务或者承担责任的行为。

2. 保证人的主体资格

具有代位清偿能力的法人、其他组织或者公民，可以作为保证人。国家机关、学校、幼儿园、医院等以公益为目的的事业单位、社会团体和企业法人的分支机构、职能部门，不得作为保证人。企业法人的分支机构有法人书面授权的，可以在授权范围内提供保证。

3. 保证责任的方式

（1）一般保证责任。当事人在保证合同中约定，在债务人不能履行债务时，由保证人承担保证责任的，为一般保证。一般保证的保证人在主合同纠纷未经审判或者仲裁，并就债务人财产依法强制执行仍不能履行债务前，对债权人可以拒绝承担担保责任。

（2）连带保证责任。当事人在保证合同中约定保证人与债务人对债务承担连带责任的，为连带责任保证。在债务人未履行到期债务时，债权人可以要求债务人履行债务，也可以要求保证人在其保证责任范围内承担责任。

保证责任的具体方式由当事人在保证合同中约定，没有约定或约定不明确的，按连带责任保证承担保证责任。保证人在约定的保证期间内承担保证责任。当事人未约定或约定不明确的，保证期间为主债务履行期届满之日起6个月。

（二）定金

定金是指合同当事人约定一方向对方给付一定数额的货币作为债权的担保。债务人履行债务后，定金抵作价款或收回。给付定金的一方不履行合同，无权要求返还定金；收取定金的一方不履行合同，应当双倍返还定金。

定金应以书面形式约定。定金合同自实际交付定金之日起生效。定金的数额由当事人约定，但不得超过主合同标的额的20%，超过的部分不发生定金效力。

视频小课堂

合同中的
定金与订金

项目五

合同的变更、转让和终止

项目概述

通过本项目的学习，掌握合同的变更的法律规定；熟悉合同转让中的特征及分类；熟练掌握合同终止过程中清偿、抵销、提存、混同、免除行为相关法律规定。

基础知识

一、合同的变更

合同的变更有广义与狭义之分。广义的合同变更是指合同生效后，履行完毕以前，合同法律关系的主体、内容和客体诸要素发生改变。狭义的合同变更仅指合同法律关系的内容和客体发生改变，不包括合同主体的改变。这里所讲的合同的变更为狭义的合同变更。我国《民法典》合同编中的合同变更，是指狭义的变更。

合同变更的类型有：①合同当事人协议变更。合同当事人协商一致，可以进行变更，但法律、行政法规规定变更合同应当办理批准、登记等手续的，依照其规定。当事人对合同变更的内容约定不明确的，推定为未变更。②法院判决或仲裁机构裁决变更。因重大误解或显失公平而订立的合同，当事人一方可以向人民法院或仲裁机关申请变更或撤销合同。③基于法律的直接规定变更。如遭遇不可抗力导致债务人不能按期履行债务时，债务人可以减少债务数额或延期履行债务。

二、合同的转让

合同的转让，又称合同的让与，是指合同当事人一方将其合同的权利和义务全部或部分转让给第三人。合同的转让实际上是合同的主体发生变更，即合同权利的受让人成为合同之债的新债权人，或合同义务的受让人成为合同之债的新债务人，而合同的内容仍保持不变。

从合同转让的内容这个角度出发，可将合同的转让分为三种：合同权利的转让、合同义务的转让以及合同权利和义务的概括转让。

（一）合同权利的转让

合同权利的转让是指合同债权人将合同的权利全部或部分地转让给第三人。从各国实践来看，绝大多数合同的权利都是可以转让的，但是对于下列三种合同权利，许多国家的法律一般都不允许任意转让。

（1）根据合同权利的性质不能转让的权利。即合同只能在特定当事人之间成立，如果转让给第三人就会影响合同内容的履行，从而违背当事人的订约目的。这类合同权利包括信托权利、表演或出版权利、受聘权利等。

（2）法律禁止转让的权利。

（3）合同当事人约定不得转让的权利。

合同权利转让中最重要的问题，是该转让是否须经债务人同意。对此，各国立法做出三种不同规定：1）不必征得债务人的同意。采取此种法律主张的国家有德国、英国、美国等。2）必须通知债务人。采取此种法律主张的有法国、日本等国家。3）必须经债务人同意。

（二）合同义务的转让

合同义务的转让，是指债权人或债务人与第三人之间达成转让债务的协议，由第三人取代原债务人承担债务。由此可见，债务的转让有两种方法：一是通过债权人与第三人之间的协议；二是通过债务人与第三人之间的协议。

由于义务是合同义务人必须做出的作为或不作为，且义务的履行直接关系到权利人权利的实现，具有不同的履约能力或信用的义务人会对合同履行的程度和质量产生直接的影响，因此，对于债务人与第三人达成的转让债务协议，一般都要求经过债权人的同意。债务人与第三人达成转让债务协议，一经债权人同意即发生效力；如果债权人不同意，则债务人与第三人订立的转让债务的协议无效。《德国民法典》第415条规定：“第三人与债务人约定承担债务者，须经债权人的追认始发生效力。”《法国民法典》将变更债务人的权利赋予债权人。英国普通法也认为，非经债权人同意，合同的债务不得转移。我国《民法典》第五百五十一条规定：“债务人将债务的全部或者部分转移给第三人的，应当经债权人同意。债务人或者第三人可以催告债权人在合理期限内予以同意，债权人未作表示的，视为不同意。”

（三）合同权利和义务的概括转让

合同权利和义务的概括转让，是指由原合同一方当事人将其在合同中的权利和义务一并转让给第三人，由第三人概括地继受这些债权和债务。对此，各国法律基本上都要求须经另一方当事人同意方可成立生效。在取得合同另一方的同意后，受让方将完全代替原合同当事人一方的地位，原合同当事人一方将完全退出合同关系。

我国《民法典》第五百五十五条规定：“当事人一方经对方同意，可以将自己在合同中的权利和义务一并转让给第三人。”

三、合同的终止

合同的终止，是指因某种法律事实的发生，使合同当事人设定的权利义务关系归于消灭。

（一）大陆法系关于债的消灭的相关规定

1. 清偿

清偿是债务人向债权人履行债的内容。债权人接受债务人的清偿时，债的关系即告消灭。它与履行合同的意义相同，是合同消灭的主要原因。清偿一般是指由债务人向债权人履行合同规定的义务，但原则上允许债务人以外的第三者向债权人清偿债务。清偿的标的物一般应当是合同规定的标的物，但如果债权人同意，债务人可以用规定的标的物以外的物品来清偿债务。

2. 抵销

抵销是指两个人彼此互负债务，而且债务种类相同，并均已届清偿期，那么双方均得以其债务与对方的债务在等额的范围内归于消灭。抵销的方法主要有三种：①法定抵销，这是《法国民法典》规定的抵销方法，即双方无须进行通知，只要符合抵销条件，双方的债务自然发生抵销；②以当事人单方面的意思表示抵销；③约定抵销，即互负债务的双方依照约定，将各自的债务抵销。

3. 提存

提存是指因债权人的原因使债务人无法向其交付合同标的物时，债务人将该标的物寄存于法定场所，从而使债的关系归于消灭。所谓债务人的原因主要有两种情形：一是债权人在债务人向其清偿时，拒绝或迟延接受清偿；一是债权人不清或下落不明。提存的场所可以由法律规定，也可以由法院指定。合同标的提存后，债务人即免除向债权人履行的义务，风险也随之转移至债权人，债权人只能向提存机构收取提存物并对提存期间产生的费用负责。

4. 混同

当债权与债务同归于一人，原债权债务关系因失去其存在的基础而消灭，这就是混同。商事法上的继受和合并导致债权人和债务人同归于一人，如甲公司对乙公司负有合同债务，而此时两公司合并，致使该债务归于消灭，从而使原合同关系亦不复存在。

5. 免除

免除是指债权人免去债务人的债务，放弃其依据合同所享有的债权，从而使债归于消灭。免除是否须债务人同意，各国法律规定不同，德国、法国和瑞士等国法律认为必须经债务人同意免除才能生效，而我国和日本法律则认为免除是一种单方面的法律行为，不必经债务人同意，只要债权人有免除债务的意思表示，债即可消灭。

（二）英美法系关于合同的消灭的规定

在英美法系中，合同的消灭有以下几种情形：

1. 因双方当事人的协议而消灭

英美法系主张，合同是通过双方当事人的协议而成立的，因而也可依照双方当事人的协议而解除。在简式合同中，如果双方当事人达成协议终止合同，实际上是各自放弃了其在尚待履行的合同中的权利，这本身就是对价，故得消灭合同。通过协议而消灭合同，包括以新的合同代替旧合同、更新合同、依照合同规定的条件解除合同、弃权等情况。

2. 因履行而消灭

履行是合同消灭的主要原因。合同一经履行，当事人之间的权利义务关系即自行终止。

3. 因违约而消灭

合同一方当事人严重违约，另一方当事人可以解除合同而使合同归于消灭。

4. 依法使合同归于消灭

当出现合并、破产或擅自修改书面合同时，可导致合同权利义务的终止。①合并，一类与大陆法系中的混同相似；另一类是以更安全的合同替代原合同而使原合同消灭。②经破产清算程序，取得法院的解除令后，破产人即可解除一切债务。③如果一方当事人擅自对书面合同的重要部分作利己性的修改，对方即可解除合同。

5. 超过法定时效

英美法系的一些国家把诉讼时效已经完成作为合同消灭的一个重要原因。英国 1939 年时效法第 2 条规定，简式合同的时效期间为 6 年，签字蜡封合同的时效期间为 12 年。

美国各州的成文法对诉讼时效做了规定。口头合同多数规定诉讼时效为 5～6 年，书面合同多数规定诉讼时效为 10 年。此外，《美国统一商法典》规定货物买卖合同的时效期间为 4 年。

（三）我国法律的有关规定

我国《民法典》第五百五十七条规定："有下列情形之一的，债权债务终止：（一）债务已经履行；（二）债务相互抵销；（三）债务人依法将标的物提存；（四）债权人免除债务；（五）债权债务同归于一人；（六）法律规定或者当事人约定终止的其他情形。合同解除的，该合同的权利义务关系终止。"

我国《民法总则》对诉讼时效的规定如下：

（1）一般诉讼时效期间为三年，从知道或者应当知道权利被侵害时计算。

（2）最长时效：二十年，自权利受到损害之日起超过二十年的，人民法院不予保护；有特殊情况的，人民法院可以根据权利人的申请决定延长。

任务实施

任务 5　案例分析

任务描述

2019 年 3 月 10 日，兴旺公司与黄岛啤酒厂签订了买卖啤酒的合同。合同约定：兴旺公司在 4 月 30 日前支付 2 万元预付款；黄岛啤酒厂在 7 月 10 日交货。4 月 5 日，黄岛啤酒厂突发火灾，设备、原料大部分被烧毁，严重影响了履行债务的能力。兴旺公司闻讯后，认为黄岛啤酒厂极有可能丧失履行合同的能力，于是通知黄岛啤酒厂中止履行合同，不再支付预付款。后经黄岛啤酒厂交涉，兴旺公司同意由大华公司为黄岛啤酒厂作一般保证，兴旺公司按期向黄岛啤酒厂支付预付款，合同仍继续履行。7 月 10 日，黄岛啤酒厂未交货。兴旺公司要求黄岛啤酒厂返还预付款，赔偿兴旺公司的经济损失，黄岛啤酒厂拒绝了兴旺公司的要求。随后，兴旺公司要求大华公司承担保证责任，但大华公司也拒绝了兴旺公司的要求。8 月 5 日，在多次协商未果的情况下，兴旺公司向法院起诉，要求黄岛啤酒厂和大华公司承担违约责任，赔偿损失。经法院查明，由于黄岛啤酒厂违约，兴旺公司除2万元预付款没有收回外，还发生经济损失3万元；法院同时查明，兴旺公司尚欠黄岛啤酒厂设备款5万元。在法院调解下，双方同意将债务相互抵销。问：

1. 兴旺公司单方面通知黄岛啤酒厂中止履行合同是否违反法律规定？请说明理由。

2. 大华公司拒绝兴旺公司要求其为黄岛啤酒厂承担保证责任的要求是否符合法律规定？请说明理由。

3. 兴旺公司与黄岛啤酒厂的债务能否相互抵销？请说明理由。

任务分析

本案涉及合同的综合知识：履行中权利的行使、担保责任及合同消灭形式的考核。请认真研读《民法典》第五百二十七条、第五百二十八条、第五百四十九条以及《民法典》担保物权篇的相关规定。

任务完成

____

____

____

项目六

违约责任

项目概述

通过本项目的学习，了解违约责任的概念；理解违约责任的归责原则；掌握催告制度；熟悉违约的形式；熟练掌握合同违约过程中的救济方法；掌握违约责任的免除的法定事由与约定事由。

基础知识

一、违约责任概述

违约是指合同当事人完全没有履行其合同义务，或没有完全履行其义务的行为。违约责任是指合同当事人违反合同义务所应承担的法律责任。

违约责任具有以下特点：

（1）它的前提是有当事人不履行合同义务的事实存在；

（2）只能发生在合同当事人之间；

（3）这种民事责任的承担方式可以由双方当事人约定，并主要以补偿性为主；

（4）它是民事责任的一种，与侵权责任组成民事责任的基本内容。

二、违约责任的归责原则

归责原则是确定违约当事人是否承担违约责任的归责原则。违约责任的归责原则有两种：过错责任原则和严格责任原则。过错责任原则是指一方在不履行合同时，应以不履行的一方是否有过错作为确定其是否违约的原则。严格责任原则，又称无过失责任原则，是指违约一方不履行合同时，应以违约的结果是否因一方的行为造成，而非一方是否存在过失，作为确定违约责任的要件和依据。

大陆法系采用的是过错责任原则：

《法国民法典》第1147条规定："凡不履行合同是由于不能归责于债务人的外来原因所造成的，债务人即可免除损害赔偿的责任。"

《德国民法典》第276条规定："债务人除另有规定外，对故意或过失应负责任。"

我国《民法典》对违约责任的归责原则，与大陆法系相似，采用过错责任原则。

英美法系原则上采用严格责任原则：

如美国《合同法重述》第314条对违约所下定义："凡无正当理由的不履行合同中的全部或部分允诺者，构成违约。"英美法系认为，只要允诺人没有履行其合同义务，即使他没有任何过失，也构成违约，应承担违约后果，除非存在法定或约定的免责事由。不过，从英美法院的判例来看，其对于违约责任的实际处理结果与大陆法系的许多情况是相同的。与过错责任原则相比，严格责任原则的适用范围有一定的局限性。

拓展知识

催告制度

催告是大陆法系的一种制度，是债权人向债务人请求履行合同的一种通知，主要适用于合同没有明确规定履行日期的情形。在合同没有规定明确的履行日期的情况下，债权人必须首先向债务人做出催告，即向债务人发出请求履行合同的通知，才能使债务人承担延迟履行的责任。

如果在清偿期到后，债权人没有向债务人发出催告，就表示其不拟追究债务人延迟履约的责任。至于催告的方式，法国法与德国法规定不同。法国法要求催告以书面方式做成，并由法警送达债务人；德国法则对催告方式没有要求，只要求催告必须送交债务人。

依照大陆法系的解释，催告的作用主要有三点：自催告生效之日起，不履约的风险完全由违约方承担；债权人有权就不履行合同请求法律上的救济；从送达催告之日起，开始计算损害赔偿及其利息。

在英美法系中没有催告的概念。英美法系认为，如果合同规定了履行期限，债务人就必须按期履行；如果没有规定期限，则应在合理的期限内履行合同，否则就构成违约。

三、违约的形式

违约有各种不同的情况，有的是全部或部分不能履行合同，有的是没有按期履行合同，有的是没有按照合同规定的方式或其他要求履行合同等。由于违约的情况不同，违约方应承担的违约责任也有所区别。各国有关违约的法律如表 3－1 所示：

表 3－1　各国有关违约的法律

国别	违约形式			备注
德国	给付不能	给付迟延		
法国	不履行债务	延迟履行		
英国	违反条件	违反担保	违反中间性条款	预期违约
美国	重大违约	轻微违约		
联合国国际货物销售合同	根本性违约	非根本性违约		
中国	实际违约	预期违约		

四、违约的救济方法

违约的救济方法是指一个人的合法权益被他人侵害时，法律上给予受损害一方的补偿方法。违约的主要救济方法有实际履行、损害赔偿、解除合同、禁令和违约金等。

（一）实际履行

实际履行，又称具体履行或依约履行，是指当债务人违约不履行合同时，债权人可要求债务人按合同规定履行，如债务人坚持不履行，债权人可以请求法院强制债务人按合同规定履行的违约救济方法。实际履行与违约金、损害赔偿不同，其目的不在于对受害人所受损失予以弥补，而是要求违约方继续履行合同，以实现原定合同目标。因此，实际履行可以与违约金、损害赔偿等救济方法同时使用，但与解除合同相对立，不能同时使用。

各国法律对实际履行的条件或范围的规定存在较大差异。《德国民法典》把实际履行作为不履行合同的主要救济方法；《法国民法典》规定，实际履行是一种可供选择的基本救济方法；英美普通法中没有实际履行这种救济方法，但是衡平法中将其作为一种例外的救济方法；我国法律将实际履行作为违约的基本救济方法；《联合国国际货物销售合同公约》允许各国法院按本国的法律对实际履行问题进行处理。

（二）损害赔偿

损害赔偿是指合同一方违约应依照合同或法律规定赔偿其给对方造成的损失的违约救济方法。损害赔偿具有补偿性，一般不具有惩罚性。大陆法系认为，损害赔偿的范围应包括违约所造成的实际损失和所失利益。英美法系认为，只要一方当事人违反合同，对方就可以提起损害赔偿之诉，而无须证明违约方有过错，也无须以发生实际损害为前提。我国《民法典》合同编中规定，违约人原则上无须有过错，但要有实际损害发生，受损害的一方便可以向违约方请求损害赔偿。

（三）解除合同

解除合同将消灭合同的效力。大陆法系各国均规定，合同一方当事人不履行合同义务或履行延迟时，对方有权解除合同。英美法系认为只有在一方当事人违反条件或重大违约时，另一方当事人才能解除合同。如果只是违反担保或轻微违约，则不能解除合同，只能请求损害赔偿。《联合国国际货物销售合同公约》规定：一方根本违约，守约的一方可以提出解除合同的要求，并请求损害赔偿；一方非根本违约，只能请求损害赔偿，不能主张解除合同。

根据我国《民法典》第五百六十三条规定："有下列情形之一的，当事人可以解除合同：（一）因不可抗力致使不能实现合同目的；（二）在履行期限届满前，当事人一方明确表示或者以自己的行为表明不履行主要债务；（三）当事人一方迟延履行主要债务，经催告后在合理期限内仍未履行；（四）当事人一方迟延履行债务或者有其他违约行为致使不能实现合同目的；（五）法律规定的其他情形。以持续履行的债务内容的不定期合同，当事人可以随时解除合同，但是应当在合理期限之前通知对方。"

关于解除合同与损害赔偿这两种救济方法能否同时适用的问题，各国法律的规定不一致。《德国民法典》第 325 条、第 326 条规定："债权人只能在解除权和损害赔偿请求权二者间选择其一，而不能同时享有两种权利。即如果债权人要求解除合同，就不能要求损害赔偿；反之，如果要求损害赔偿，就不能要求解除合同。”除德国外，其他主要大陆法系国家、英美法系国家和我国都认为，当一方当事人违反合同时，没有违约的一方解除合同时，不影响其要求损害赔偿的权利。

（四）禁令

禁令是英美法系衡平法规定的一种救济方法，是指由法院发出禁令，强制被告不得为某种行为，以执行合同所规定的某种不作为的义务。采取禁令这种救济方法，旨在预防违约行为发生给债权人造成损失。例如：某演员与甲剧院订立为期一年的演出合同，承诺在合同约定期间只在甲剧院演出，不到其他剧院演出。但在合同的有效期内，该演员又与乙剧院订立到乙剧院演出的合同。在这种情况下，甲剧院就可以请求法院发出禁令，禁止该演员到乙剧院演出，以执行第一份演出合同规定的不到其他剧院演出的不作为义务。

禁令这种救济方法常适用于劳务合同中债务人违反不作为义务的情形。英国和美国法院发出禁令的条件是：采取一般损害救济方法不足以补偿债权人所受的损失；禁令必须符合公平合理的原则。

（五）违约金

违约金是指以保证合同履行为目的，双方当事人事先约定，当债务人违反合同时，应向债权人支付的金钱。根据违约金的性质，可以将违约金分为惩罚性违约金和补偿性违约金，后者在实践中被认为是约定损害赔偿。

1. 大陆法系关于违约金的规定

德国法将违约金视作对债务人不履行债务的一种处罚。《德国商法典》第 339 条规定：“债务人对债权人约定在不履行债务或不以适当方法履行债务时，应支付一定金额作为违约金，于债务人延迟时，罚其支付违约金。”《德国民法典》第 340 条规定：“债权人因不履行而享有损害赔偿请求权时，可以要求以取得的违约金作为损害赔偿的最低额，但不妨害其主张其他损害。”因此，当债务人不履行债务时，债权人有权在请求违约金之外，同时请求由于违约所造成的损害赔偿。德国法规定的违约金是惩罚性违约金。

法国法认为，违约金的性质属于预先约定的损害赔偿，即补偿性违约金。《法国民法典》第 1229 条规定：“违约金是对债权人主债务不履行所受损害的赔偿。”设立补偿性违约金的积极意义在于，可使债权人免除在诉讼中对损害事实及具体数额的举证责任。基于补偿性违约金的性质，债权人在债务人不履行债务寻求法律救济时，只能在请求违约金或请求实际履行两种救济方法中选择适用其中的一种，而不能同时适用。法国法规定的违约金以补偿性违约金为主，但作为例外，在违约金纯粹为延迟履行而定时，变为惩罚性违约金。

2. 英美法系关于违约金的规定

英美法系原则上认为，违约只能要求赔偿，不能惩罚。因此，从英美法院对合同违约金条款的判例上看，一般将违约金区分为惩罚性违约金和约定的损害赔偿两种。对于前者，法院不予承认，被违约方只能取得其所遭受的实际损害的赔偿；对于后者，法院予以承认。由此可知，英美法系对于损害赔偿和违约金，二者只能取其一，不能并用。至于法院如何对违约金进行判断，一般是法院根据合同的实际情况和违约金所定金额的高低来进行的。若违约金所定金额远大于合同违约所造成的实际损失，则被认为是罚金，法院不予承认，受损害的一方只能按照通常的办法对实际损失请求损害赔偿。

3. 我国《民法典》合同编中关于违约金的规定

我国《民法典》第五百八十五条对违约金做出如下规定："当事人可以约定一方违约时应当根据违约情况向对方支付一定数额的违约金，也可以约定因违约产生的损失赔偿额的计算方法。约定的违约金低于造成的损失的，人民法院或者仲裁机构可以根据当事人的请求予以增加；约定的违约金过分高于造成的损失的，人民法院或者仲裁机构可以根据当事人的请求予以适当减少。当事人就迟延履行约定违约金的，违约方支付违约金后，还应当履行债务。"

同时《民法典》第五百八十八条还规定了违约金与定金竞合时的责任："当事人既约定违约金，又约定定金的，一方违约时，对方可以选择适用违约金或者定金条款。"

五、违约责任的免除

违约责任的免除是指法律规定或当事人约定的情况出现时，当事人对其不履行合同或迟延履行合同不承担违约责任。在一般情况下，当事人违反合同都要负违约责任，但在个别情况下，由于某些客观条件所造成的违约，法律却不要求违约者对其违约承担责任。

（一）法定的免责事由——不可抗力

1. 不可抗力的概念和特点

不可抗力是指当事人在订立合同时不能预见、不能避免并且不能克服的客观情况。根据该外在力量来源的不同，可以分为自然原因引起的不可抗力和社会原因引起的不可抗力。前者如地震、洪水、台风、旱灾、暴风雪等，后者如罢工、战争、禁运等。其特点表现为：发生在合同签订以后；不是由于任何一方当事人的过错所造成的；是双方当事人不能预见、不能避免和无法克服的。

2. 不可抗力的法律后果

不可抗力发生导致的法律后果有两种：解除合同或延迟履行合同。具体如何处置要根据不可抗力的大小和持续时间所决定。一般而言，如果不可抗力使合同的履行成为不可能，则可解除合同；如不可抗力事故只是暂时阻碍了合同的履行，则只能延迟履行合同。

我国《民法典》第五百九十条规定："当事人一方因不可抗力不能履行合同的，根据不可抗力的影响，部分或者全部免除责任，但是法律另有规定的除外。因不可抗力不能履行合同的，应当及时通知对方，以减轻可能给对方造成的损失，并应当在合理期限内提供证明。当事人迟延履行后发生不可抗力的，不免除其违约责任。"

拓展知识

情势变更和合同落空

大陆法系类似的制度叫情势变更。情势变更原则是指在合同依法生效后，因不可归责于双方当事人的原因发生的不可预见的情势变更，致使合同成立的基础丧失或严重动摇，若继续维护合同原有效力将导致显失公平，法律允许变更或解除合同的原则。英美法系类似的制度叫合同落空，是指在合同成立之后，非由于当事人自身的过失，而是由于事后发生的意外情况而使当事人在订约时所谋求的商业目标受到挫折。

（二）约定的免责事由——免责条款

免责条款是指当事人在合同中约定的免除其未来责任的条款。免责条款必须经双方当事人充分协商，并以明示的方式做出。同时，其约定不能违反法律、行政法规的强制性规定，否则该约定不发生法律效力。如《民法典》第五百零六条规定："合同中的下列免责条款无效：（一）造成对方人身损害的；（二）因故意或者重大过失造成对方财产损失的。"

（三）债权人过错

债权人过错也是可能导致免除债务人责任的事由。由于债权人的全部过错或重大过失导致债务人不能履行义务的，可免除债务人的全部责任，债权人由此遭受的损失由债权人自己承担。在债权人和债务人均有过错的情况下，只能免除债务人的部分责任。

任务实施

任务 6　案例分析

任务描述

A 县的甲公司与 B 县的乙公司于 2019 年 7 月 3 日签订了一份空调购销合同，约定甲公司向乙公司购进 100 台空调，每台单价 2 000 元，乙公司负责在B县代办托运，甲公司于货到后立即付款。乙公司于7月18日在B县的火车站发出了该合同的100台空调，甲公司由于发生资金周转困难，于7月19日传真告知乙公司自己将不能履行合同，乙公司收到传真后努力寻找新的买家，于7月22日与C县的丙公司签订了该100台空调的购销合同。

合同约定：丙公司买下这100台托运中的空调，每台单价1 900元，丙公司于订立合同时向乙公司支付定金10 000元，在收到货物后15天内付清全部货款；在丙公司付清全部货款前，乙公司保留对空调的所有权；如有违约，违约方应承担合同总价款20%的违约金。乙公司同时于当日传真通知甲公司解除与甲公司签订的合同，铁路运输公司在运输过程中于7月21日遇上泥石流，30台托运中的空调毁损。丙公司于7月26日收到70台完好无损的空调后，又与丁公司签订合同准备将这70台空调全部卖与丁公司，同时丙公司以其未能如约收到100台空调为由拒付货款。问：

1. 乙公司在与甲公司的合同履行期满前解除合同的理由是什么？在此解除的情形下，乙公司能否向甲公司主张违约责任？

2. 遭遇泥石流而毁损的空调损失应由谁承担？为什么？

3. 乙公司认为丙公司拒付款违约，决定不返还定金并要求其支付36 000元的违约金，其主张能否得到支持？为什么？

4. 丙、丁公司所签合同效力如何？为什么？

任务分析

本案例涉及合同履行中合同的效力、违约及责任承担等问题的考核。请认真研读《民法典》合同编第八章违约责任以及在买卖合同中涉及在途货物风险转移的法律规定请阅读《民法典》第六百零六条、第六百零七条。

任务完成

____

____

____

【学习测试】

一、单项选择题

1. 甲商场向乙企业发出采购100台电冰箱的要约，乙企业于5月1日寄出承诺信件，5月8日信件寄至甲商场，时逢其法人代表王总经理外出。5月9日王总经理知悉了该信内容，遂于5月10日电传告知乙企业收到承诺，该承诺的生效日期是（　　）。

A. 5月1日　　B. 5月8日　　C. 5月9日　　D. 5月10日

2. 甲地某商场向乙地某工艺品厂采购一批工艺品，但合同对履行地点和价款的约定均不明确。依照我国《合同法》，该批工艺品的价格应按照（　　）确定。

A. 甲地市价　　B. 乙地市价

C. 订立合同时甲地的市场价格　　D. 订立合同时乙地的市场价格

3. 采取格式条款订立合同的，若格式条款和非格式条款不一致，应当采用（　　）。

A. 格式条款　　B. 诚信原则　　C. 非格式条款　　D. 法律规定

4. 甲超市向乙电器厂洽谈购买一批电暖器，双方已达成书面协议，尚未盖章。随后乙电器厂按照约定向甲超市发货，甲超市收到货物后即摆放在柜台上销售。一个月后，因销售不理想甲超市要求退货，为此形成纠纷。此案应认定为（　　）。

A. 合同因未盖章尚不成立

B. 合同因未盖章无效

C. 合同因有书面协议所以成立，但未盖章合同关系无效

D. 合同因乙电器厂已经履行供货义务，甲超市接受供货，该合同成立

5. 根据我国《民法典》合同编的规定，当事人对合同价款约定不明确，又没有政府定价或指导价可供参照时，合同价款的确定规则为（　　）。

A. 按照订立合同时履行地的市场价格履行

B. 按照履行合同时履行地的市场价格履行

C. 按照纠纷发生时履行地的市场价格履行

D. 按照订立合同时订立地的市场价格履行

6. 无效合同从（　　）时候起，就没有法律约束力。

A. 订立　　B. 发生纠纷　　C. 被确认无效　　D. 发现

7. 行为人超越代理权以被代理人名义订立的合同，相对人可以催告被代理人予以追认。被代理人未做表示的视为（　　）。

A. 合同无效　　　　B. 合同有效

C. 合同效力未定　　　　D. 该合同由被代理人承担责任

8. 甲公司与乙公司签订了购买 10 辆汽车的合同。就在将汽车交付甲公司时，乙公司被工商部门查出该批汽车是走私物品而予以查封。根据我国《民法典》合同编关于合同效力的规定，该买卖汽车合同属于（　　）。

A. 有效合同　　　　B. 无效合同

C. 可撤销合同　　　　D. 效力待定合同

9. 在下列哪种情况下，应当先履行债务的当事人不得行使不安抗辩权?（　　）

A. 后履行一方当事人经营状况严重恶化

B. 后履行一方当事人大规模调动资金

C. 后履行一方当事人丧失商业信誉

D. 后履行一方当事人转移财产，以逃避债务

10. A 公司与 B 服装厂签订一份服装的买卖合同，约定货到后再付款。后 B 服装厂因生产资金紧缺，要求 A 公司先行支付一部分货款，遭 A 公司拒绝。A 公司行使的该项权利在法律上称为（　　）。

A. 同时履行抗辩权　　　　B. 不安抗辩权

C. 后履行抗辩权　　　　D. 抗辩权

11. 甲与乙订立买卖合同，合同到期，甲按约定交付了货物，但乙以资金紧张为由迟迟不支付货款。之后，甲了解到，乙借给丙的一笔款项已到期，但乙一直不向丙催讨欠款，于是，甲向人民法院请求以甲的名义向丙催讨欠款。甲请求人民法院以自己的名义向丙催讨欠款的权利在法律上称为（　　）。

A. 代位权　　　　B. 不安抗辩权

C. 撤销权　　　　D. 后履行抗辩权

12. 甲借款给乙 1 万元，丙为保证人，此后乙与甲私下协商变更借款数额为 1.5 万元。合同到期时，乙无力偿还该借款。对此，根据《担保法解释》的规定，下列说法正确的是（　　）。

A. 丙应承担 1.5 万元的保证责任

B. 丙应承担 1 万元的保证责任

C. 丙不承担该保证责任

D. 丙不需承担保证责任，故丙承担保证债务后无权向乙追偿

13. 下列有关当事人合并、分立后，债权债务的处理的表述中，错误的是（　　）。

A. 当事人订立合同后合并的，由合并后的当事人履行合同义务

B. 当事人订立合同后合并的，由合并后的当事人行使合同权利

C. 当事人订立合同后分立的，必须由分立的当事人承担连带债务

D. 当事人订立合同后分立的，可能不由分立的当事人承担连带债务

14. 违约行为是当事人（　　）。

A. 违反法律规定的行为

B. 违反合同约定的行为

C. 应当对合同不能成立负有责任的行为

D. 给对方当事人造成人身和其他财产损失的行为

15. 根据我国《民法典》合同编的规定，当事人既约定违约金，又约定定金的，一方违约时，对方可以采取的追究违约责任的方式是（　　）。

A. 只能适用定金条款

B. 只能适用违约金条款

C. 合并适用违约金和定金条款

D. 选择适用违约金或者定金条款

二、多项选择题

1. 某花农向某花店发电："情人节供玫瑰花一万朵，按以往双方交易价格的120%，你方于前一天携款来取货。"该花店回电："同意接受你的价格上调条件，但由于最近人手不足，请你送货上门。"该花店的回电属于（　　）。

A. 反要约　　B. 承诺

C. 合同已成立　　D. 合同未成立

2. 我国《民法典》合同编的基本原则有（　　）。

A. 平等、自愿原则　　B. 公平原则

C. 合法原则　　D. 诚实信用原则

3. 下列各项中，属于要约邀请的是（　　）。

A. 寄送的价目表　　B. 招股说明书

C. 拍卖公告　　D. 招标公告

4. 乙向甲购买一台新型车辆检测设备，双方订立了合同。下列关于该合同项下设备所有权转移的表述中，正确的有（　　）。

A. 如果双方没有特别约定，设备的所有权自买卖合同生效时起转移

B. 如果双方没有特别约定，设备的所有权自甲方交付时起转移

C. 如果双方没有特别约定，设备的所有权自乙方付清全部价款时起转移

D. 如果双方约定，甲方先行交付设备，在乙方付清全部价款之前，其所有权仍属于甲方，该约定有效

5. 甲、乙双方签订了买卖合同，在合同履行过程中，发现该合同履行费用的负担问题约定不明确。在这种情况下，可供甲、乙双方选择的履行规则有（　　）。

A. 双方协议补充　　B. 按交易习惯确定

C. 由履行义务一方负担　　D. 按合同有关条款确定

6. 根据我国《民法典》合同编的规定，下列各项中，属于无效合同的有（　　）。

A. 订立时显失公平的合同　　B. 损害社会公共利益的合同

C. 因重大误解订立的合同　　D. 恶意串通损害第三人利益的合同

7. 无效合同的确认权由谁行使？（　　）

A. 工商行政管理机关　　B. 仲裁机关

C. 人民法院　　D. 公证机关

8. 甲厂业务员王某持该厂空白委托书与乙厂订立了一份购销合同。货到后甲厂发现质量不符合要求。本案中（　　）。

A. 王某的行为属于无权代理　　B. 王某的行为属于有权代理

C. 合同无效　　D. 合同有效

9. 下列情形中，允许当事人解除合同的有（　　）。

A. 甲、乙双方经协商同意，并且不因此损害国家利益和社会公共利益

B. 甲迟延履行主要债务，经乙催告后在合理期限内仍未履行

C. 由于不可抗力致使甲、乙双方合同的全部义务不能履行

D. 乙有违约行为致使甲、乙双方不能实现合同目的

10. 下列情况属于合同变更的是（　　）。

A. 标的物的增减　　B. 价款的变动

C. 履行时期的改变　　D. 合同当事人的变更

11. 我国《民法典》合同编规定的违约金具有什么性质？（　　）

A. 补偿性　　B. 警告性　　C. 惩罚性　　D. 告诫性

12. 我国合同法律制度规定当事人承担的违约责任主要有（　　）。

A. 赔偿损失　　B. 中止履行合同

C. 继续履行合同　　D. 采取补救措施

13. 下列有关定金的说法中，正确的是（　　）。

A. 收受定金的一方不履行约定的债务的，应当双倍返还定金

B. 定金的数额应当为主合同标的的20%，当事人不得自行约定

C. 定金合同均自合同签订之日起生效

D. 实际交付的定金数额多于约定数额的，视为变更定金合同

三、判断题

1. 甲向乙发出要约，丙得知后表示接受甲条件的意思表示为承诺。（　　）

2. 甲向乙提出签订购销皮鞋合同的建议，乙表示如能降低价格可以接受。甲收到乙的答复后，双方的合同关系成立。（　　）

3. 合同自愿原则不是绝对的，当事人订立履行合同，应遵守法律法规，尊重社会公德；不得扰乱社会经济秩序，损害社会公共利益。（　　）

4. 以欺诈、胁迫手段订立的合同一律无效。（　　）

5. 限制民事行为能力人所订立的合同，都必须经其法定代理人追认才具有法律效力。（　　）

6. 效力待定合同之所以订立后不能立即生效，是因为当事人的意思表示不真实。（　　）

7. 无处分权人签订的处分财产的合同属于无效合同。（　　）

8. 当事人采用数据电文形式订立合同的，收件人的经常居住地为合同成立的地点。（　　）

9. 合同中债务人一方将合同义务转让给第三人须债权人同意，债权一方转让合同权利则不必征得对方同意。（　　）

10. 在协议变更合同时，当事人如对合同变更的内容约定不明确的，视为未变更。（　　）

11. 因对方违约造成损失的，受害人对损失的扩大没有采取防止措施的，无权就扩大的损失要求赔偿。（　　）

12. 违约方支付违约金以后，其履行合同债务的责任当然免除。（　　）

四、案例分析

案例 1：甲企业（以下简称“甲”）向乙企业（以下简称“乙”）发出传真订货，该传真列明了货物的种类、数量、质量、供货时间、交货方式等，并要求乙在 10 日内报价。乙接受甲发出传真列明的条件并按期报价，亦要求甲在 10 日内回复。甲按期复电同意其价格，并要求签订书面合同。乙在未签订书面合同的情况下按甲提出的条件发货，甲收货后未提出异议，亦未付货款。后因市场发生变化，该货物价格下降。甲遂向乙提出，由于双方未签订书面合同，买卖关系不能成立，故乙应尽快取回货物。乙不同意甲的意见，要求其偿付货款。随后，乙发现甲放弃了其对关联企业的到期债权，并向其关联企业无偿转让财产，可能使自己的货款无法得到清偿，遂向人民法院提起诉讼。问：

1. 试述甲传真订货、乙报价、甲回复报价行为的法律性质。

2. 买卖合同是否成立？请说明理由。

3. 对甲放弃到期债权、无偿转让财产的行为，乙可向人民法院提出何种权利请求，以保护其利益不受侵害？对乙行使该权利的期限，法律有何规定？

案例 2：2019 年 3 月 2 日，A 展览公司（以下简称“A 公司”）与 B 公司签订了一份价值为 100 万元的展览设备买卖合同。该合同约定：(1) A 公司于 3 月 3 日向 B 公司签发一张金额为人民币 15 万元的银行承兑汇票作为定金；(2) B 公司于 3 月 10 日交付展览设备；(3) A 公司于 B 公司交付展览设备之日起 3 日内付清货款；(4) 任何一方违约，应当依照合同金额的

20%向守约方支付违约金。3 月 3 日，A 公司依约向 B 公司签发并交付了一张由 C 银行承兑和付款的金额为 15 万元的银行承兑汇票，B 公司在收到该汇票后，于 3 月 4 日将其背书转让给 D 公司。3 月 10 日，B 公司未向 A 公司交付设备，经 A 公司催告后至 3 月 15 日，B 公司仍未交货，A 公司遂于 3 月 18 日另行购买了设备，并通知 B 公司解除合同，要求 B 公司双倍返还定金 30 万元，同时支付违约金 20 万元。B 公司收到 A 公司通知后未就解除合同提出异议，但不同意 A 公司提出的双倍返还定金和支付违约金的要求。问：

1. A 公司向 B 公司主张解除合同是否符合合同法的规定？请说明理由。

2. B 公司收到 A 公司解除合同的通知后，双方之间签订的买卖合同是否已经解除？请说明理由。

3. A 公司要求 B 公司双倍返还定金 30 万元，同时支付违约金 20 万元是否符合合同法的规定？请说明理由。

模块四

国际货物买卖法

项目一 国际货物买卖法的渊源

项目概述

通过本项目的学习，了解国际货物买卖法的渊源；理解《联合国国际货物销售合同公约》的适用范围。

基础知识

随着全球经济一体化进程的加快，国际货物买卖取得了突飞猛进的发展。据2019年WTO发布的《全球贸易数据与展望》报告显示，2018年世界进出口贸易额约为39.34万亿美元，其中货物贸易占80%以上。各国私法和有关的国际公约、国际惯例都对国际货物买卖做了规范，约束国际货物买卖的法律制度无论从数量上、内容上还是从法律效力上都日趋完善。

国际货物买卖法是国际商法的重要组成部分，其渊源有三：一是有关的国内法；二是国际公约；三是国际贸易惯例。主要涉及国际货物买卖合同的订立、卖方和买方的义务、国际货物买卖合同的履行以及违约的救济方法等内容。

一、有关国际货物买卖的各国国内立法

大陆法系和英美法系国家在调整货物买卖方面的法律体例和内容上有着较大差别。国际社会曾试图统一各国的有关规定，制定统一的国际货物买卖法，但截至目前，尚未达到此目的。因此，在国际货物买卖中发生争议时，有关的国内法仍是解决纠纷的重要法律依据。

（一）两大法系的相关立法

1. 大陆法系

在大陆法系民商合一的国家，没有单独的商法典，买卖法通常是作为民法典的一部分在债篇中加以规定，如《瑞士债法典》《意大利民法典》《土耳其民法典》《泰国民法典》等。而在民商分立的国家，大都把有关买卖的法律编入民法典内，作为民法典的一个组成部分。除民法典外，还制定单独的商法典。民法典的规定适用于商法典，商法典作为民法典的特别法，对民法典的规定加以补充。如《法国民法典》《法国商法典》《日本民法》《日本商法》等。

2. 英美法系

在英美法系各国，原则上不存在民法与商法的区分。其买卖法一般由两部分组成，一部分是由法院判例形成的普通法原则，另一部分是由立法机关颁布的单行的货物买卖成文法。其中具有典型代表意义的是《1893 年英国货物买卖法》和《美国统一商法典》。

《1893 年英国货物买卖法》于 1894 年 2 月 20 日经议会通过实施，是最早的货物买卖法之一，是对英国法院数百年来判例的整理编纂。该法经过多次修改补充，现行的《1979 年英国货物买卖法》是 1995 年的修订本。该法包括契约的成立、契约的效力、契约的履行、未收货款的卖方对货物的权利、对违约的诉讼、补充共 6 部分 62 条，囊括货物买卖法的大部分领域，至今在英美法系国家仍具有重大影响。

《美国统一商法典》是世界上最著名的法典之一。它是在美国 1896 年《统一票据法》、1906 年《统一货物买卖法》、1906 年《统一仓库收据法》、1909 年《统一提单法》、1909 年《统一股票转让法》、1918 年《统一附条件货物买卖法》、1933 年《统一信托收据法》7 个成文的单行法规基础上制定的。自 1952 年公布后几经修改，目前使用的是 1994 年的文本。有关买卖法的内容在其第二篇“买卖”中，共计 7 章 104 条。凡买卖篇中没有涉及的问题，需要适用普通法的一般原则。

和《1893 年英国货物买卖法》不同，《美国统一商法典》不是由美国联邦立法机关——国会通过，而是由民间组织起草制定，因而该法典不具有当然的法律效力，由各州议会自由选用，目前该法典已得到除路易斯安那州以外的 49 个州议会通过。

（二）中国的相关立法

1988 年我国加入了《联合国国际货物销售合同公约》。我国 1999 年 10 月 1 日起施行的《合同法》在总结我国改革经验的基础上，参照了国际上先进的立法制度，尤其是《联合国国际货物销售合同公约》的内容，对买卖合同作了专门规定。该《合同法》的有效期至 2020 年 12 月 31 日，其内容被《民法典》合同编替换，《民法典》生效日期为 2021 年 1 月 1 日。目前，我国有关货物买卖的法律规则在《民法典》“第一编 总则”中有原则性规定，《民法典》“第三编 合同”则对货物买卖合同的具体内容做了详细规定。

我国的公司、企业或其他经济组织签订对外货物买卖合同时，可以选择《联合国国际货物销售合同公约》作为该合同适用的法律，对于公约未尽的事项，仍要适用我国《民法典》的有关规定。

二、调整国际货物买卖关系的国际公约

有关国际货物买卖关系方面的国际条约是国际上统一货物买卖法工作的

成果，是国际货物买卖法的重要渊源之一。相关公约主要有罗马国际统一私法协会在1964年编纂完成的两个海牙公约和联合国国际贸易法委员会1980年制定的《联合国国际货物销售合同公约》，其中《联合国国际货物销售合同公约》是迄今为止有关国际货物买卖合同的一项最为重要的国际条约。

（一）两个海牙公约

1926年，国际联盟下属的罗马国际统一私法协会成立时，其第一件工作就是着手研究国际货物买卖方面的法律。1930年开始起草《国际货物买卖统一法公约》草案，1935年初稿完成。1936年又开始草拟《国际货物买卖合同成立统一法公约》。由于第二次世界大战爆发，工作中断。战争结束后，1951年，在有21个国家参加的海牙外交会议上对这两个公约的文本草案进行了讨论和修改。1958年至1963年完成了第二次修改后，在1964年4月25日的海牙会议上获得通过。

《国际货物买卖统一法公约》于1972年8月18日起生效，参加或核准国有：比利时、冈比亚、联邦德国、以色列、意大利、荷兰、圣马力诺和英国共8个国家。《国际货物买卖合同成立统一法公约》于1972年8月23日生效，参加或核准国为上述除以色列以外的7国。

两个海牙公约的参加国并不多，这两个公约在理论与实践中还存在明显的局限性和不足。但是，两个海牙公约的核准生效，是国际货物买卖法向统一化和法典化方向发展迈出的重要一步。

（二）《联合国国际货物销售合同公约》

为了使公约得到不同法律制度和不同社会、经济制度国家的接受，1966年联合国国际贸易法委员会成立后组织了专门工作组——“国际货物买卖工作组”，对两个海牙公约进行修改并合并为《联合国国际货物销售合同公约》(the United Nations Convention on Contracts for the International Sale of Goods，CISG）草案。1980年3月，在由62个国家代表参加的维也纳外交会议上获得通过。中国政府代表以观察员身份参加了会议，并提出了补充和修改意见。

自1988年1月1日起，《联合国国际货物销售合同公约》对包括我国在内的11个缔约国生效。截至2019年1月1日，对《联合国国际货物销售合同公约》批准、加入、认可、接受和继承的国家共91个。时至今日，印度和英国等贸易大国尚未加入该公约。

1.《联合国国际货物销售合同公约》的宗旨和内容

《联合国国际货物销售合同公约》开篇序言中就指出，其宗旨和目的是减少国际贸易的法律障碍，在平等互利基础上发展国际贸易，促进各国间友好关系，建立国际经济新秩序。

其结构共分为四个部分：(1）适用范围；(2）合同的成立；(3）货物买

卖；(4) 最后条款。全文共101条，分别阐述了公约基本原则、适用范围、合同订立、买卖双方权利义务等内容。

2.《联合国国际货物销售合同公约》的适用范围

根据《联合国国际货物销售合同公约》第1条规定，该公约适用于以下当事人之间的国际货物买卖：

(1) 营业地分处公约不同缔约国的当事人之间的货物买卖。

(2) 当事人一方或双方均不在公约缔约国，但是由国际私法规则导致适用某一缔约国法律的货物买卖。该项规定的目的在于扩大其适用范围，但是对此规定，缔约国在批准或者加入时可以声明保留。

另外《联合国国际货物销售合同公约》第6条还规定："双方当事人可以不适用本公约，或在第12条的条件下，减损本公约的任何规定或改变其效力。"即双方当事人可以在合同中明确规定不适用该公约。

3. 不适用《联合国国际货物销售合同公约》的"货物"买卖

按照各国贸易实践和国内法，买卖的标的范围十分广泛，形态上也各有差异，《法国民法典》《日本民法》《英国货物买卖法》《美国统一商法典》以及我国《民法典》等都对货物或者买卖合同的标的做出了规定。总的来说，"货物"一词通常是指有形的动产，包括尚待生产和制造的货物。

《联合国国际货物销售合同公约》没有对"货物"给予定义，也没有正面指出该公约适用哪些货物买卖，但是在第2条用排除法明确列举了不适用的如下货物买卖：

(1) 购供私人、家人或家庭使用的货物的销售，除非卖方在订立合同前任何时候或订立合同时不知道而且没有理由知道这些货物是购供任何这种使用；

(2) 经由拍卖的销售；

(3) 根据法律执行令状或其他令状的销售；

(4) 公债、股票、投资证券、流通票据或货币的销售；

(5) 船舶、船只、气垫船或飞机的销售；

(6) 电力的销售。

根据《联合国国际货物销售合同公约》第3条，该公约也不适用于：(1) 供应尚待制造或生产的货物的合同，且订购货物的当事人保证供应这种制造或生产所需的大部分重要材料。(2) 供应货物一方的绝大部分义务在于供应劳力或其他服务的合同。

4.《联合国国际货物销售合同公约》不涉及的内容

《联合国国际货物销售合同公约》第4条规定："本公约只适用于销售合同的订立和卖方和买方因此种合同而产生的权利和义务。特别是，本公约除非另有明文规定，与以下事项无关：(1) 合同的效力，或其任何条款的效力，或任何惯例的效力；(2) 合同对所售货物所有权可能产生的影响。"第5

条规定："本公约不适用于卖方对于货物对任何人所造成的死亡或伤害的责任。"

由此可见，《联合国国际货物销售合同公约》还不是一部完整和全面的关于国际货物买卖的统一法。但是，就其灵活性及获得普遍接受的程度来说，《联合国国际货物销售合同公约》是任何一部国内法或国际惯例都不能比拟的。它在合同法领域对各国成文法、判例法以及法理学说、国际惯例，作了充分的比较分析，在此基础上提取出被普遍承认的原则和规则，以此来弥补国内法和国际惯例的不足。《联合国国际货物销售合同公约》是近半个世纪以来国际贸易统一法运动的产物，反映了统一法运动的发展趋势，对国际贸易产生了巨大影响。

三、有关国际货物买卖的国际惯例

国际贸易惯例是指在国际贸易的长期实践中，逐渐形成的为国际贸易领域所普遍认知适用的商业做法或贸易习惯。

（一）国际贸易惯例概述

关于国际货物买卖的国际惯例主要有以下几种：1932 年《华沙-牛津规则》、1941 年《美国对外贸易定义修订本》《国际销售示范合同》《国际贸易术语解释通则》等，其中影响范围最大的是《国际贸易术语解释通则》。

《国际贸易术语解释通则》是国际商会（International Chamber of Commerce，ICC）于 1936 年制定的，随后进行过多次修订和补充。自 1936 年国际商会创立 Incoterms® 以来，这套全球普遍接受的合同标准不断定期更新以适应国际贸易的发展。值国际商会成立 100 周年之际，2019 年 9 月 10 日，国际商会于法国巴黎正式在全球发布 Incoterms® 2020（《国际贸易术语解释通则® 2020》），该通则于 2020 年 1 月 1 日全球正式生效。Incoterms® 2020 在 2010 版本的基础上更进一步明确了买卖双方的责任，其生效后对贸易实务、国际结算和贸易融资实务等方面都将产生重要的影响，将为下一个世纪的全球贸易做好准备。2020 通则实施之后，2010、2000 通则不会自动废止，当事人在订立贸易合同时，仍然可以在合同中明确表示选择适用 2010 通则、2000 通则甚至 1990 通则。

（二）国际贸易惯例的效力

国际贸易惯例具有以下三个明显特征：一是在长期的实践中形成的；二是由国际组织编纂成文，并已为大多数国家或地区所认可；三是不具有法律的普遍约束力。

与法律相比，国际贸易惯例具有可选择性、变更性，但如果当事人加以适用，就其适用的部分即对当事人产生约束力，其解释按照惯例通常的含义进行。根据《联合国国际货物销售合同公约》第 9 条规定："（1）双方当事人业已同意的任何惯例和他们之间确立的任何习惯做法，对双方当事人均有约束力。(2) 除非另有协议，双方当事人应视为已默示地同意对他们的合同或合同的订立适用双方当事人已知道或理应知道的惯例，而这种惯例，在国际贸易上，已为有关特定贸易所涉同类合同的当事人所广泛知道并为他们所经常遵守。”

可见，国际贸易惯例可以弥补现有法律规定的不足，其普遍适用在国际范围内统一了各种贸易术语的不同解释，简化了贸易程序，能够节约交易时间和成本，减少纠纷，促进国际贸易的顺利发展。

任务实施

任务1 查阅资料

任务描述

查阅资料，了解对《联合国国际货物销售合同公约》批准、加入、认可、接受和继承的国家有哪些。

任务分析

本项任务的目的在于通过查阅资料，了解《联合国国际货物销售合同公约》的缔约国，能够分析国际货物买卖合同纠纷案件的法律适用问题。根据联合国官方网站（https://www.un.org/）公布的资料，截至2019年4月30日，已经对《联合国国际货物销售合同公约》批准、加入、认可、接受和继承的国家达90余个。其中部分国家加入时对《联合国国际货物销售合同公约》内容作了保留。

任务完成

____

____

____

拓展知识

我国与《联合国国际货物销售合同公约》

我国是参加该公约最早的成员国之一（1986年）。我国对公约的态度是：基本上赞同公约的内容，但在公约允许的范围内，根据我国的具体情况提出了两点保留。

（一）对国际货物买卖合同形式的保留

按照《联合国国际货物销售合同公约》第11条的规定，国际货物买卖合同在形式方面不受限制，无论采用书面形式、口头形式或其他形式都是有效的。这一规定同我国当时涉外经济合同法关于涉外经济合同必须采用书面形式订立的规定相抵触。因此，我国在批准该公约时对此提出了保留。我国坚持认为，国际货物买卖合同必须采用书面形式，否则无效。

（二）关于《联合国国际货物销售合同公约》适用范围的保留

《联合国国际货物销售合同公约》规定，公约适用于营业地处于不同缔约国的当事人之间订立的买卖合同，我国对此表示完全同意。

但对公约也适用“当事人一方或双方营业地不在公约缔约国，但是由国际私法规则导致适用某一缔约国法律的货物买卖”这一规定，我国提出保留，认为此规定扩大了公约的适用范围，限制了缔约国有关国内法的使用并容易使公约的使用产生不确定性。因此，在我国《联合国国际货物销售合同公约》的适用范围仅限于营业地分处于不同缔约国的当事人之间订立的货物买卖合同。例如：我国境内公司和印度（非公约缔约国）公司在美国签订或者履行的国际货物买卖合同，就不能自动适用公约。

项目二

买卖双方的权利和义务

项目概述

通过本项目的学习，理解并掌握国际货物买卖合同中买卖双方的权利和义务。

基础知识

根据各国法律规定，国际货物买卖合同当事人应当按照合同和有关法律规定，遵循诚实信用原则履行合同义务。根据《联合国国际货物销售合同公约》的规定，卖方的主要义务包括交付货物并移交单据、担保义务；买方的主要义务包括支付货款、接收货物。

一、卖方义务

（一）交付货物，移交单据

交付货物和移交单据是卖方的一项主要义务，卖方应在合同指定的时间和地点移交货物和单据。如果合同中未做约定，则应按《联合国国际货物销售合同公约》的规定办理。

1. 交货地点

（1）《联合国国际货物销售合同公约》的规定。《联合国国际货物销售合同公约》第 31 条规定："如果卖方没有义务要在任何其他特定地点交付货物，他的交货义务如下：（a）如果销售合同涉及货物的运输，卖方应把货物移交给第一承运人，以运交给买方；（b）在不属于上款规定的情况下，如果合同指的是特定货物或从特定存货中提取的或尚待制造或生产的未经特定化的货物，而双方当事人在订立合同时已知道这些货物是在某一特定地点，或将在某一特定地点制造或生产，卖方应在该地点把货物交给买方处置；（c）在其他情况下，卖方应在他于订立合同时的营业地把货物交给买方处置。"

根据上述规定，如果合同中没有指定特定的交货地点，卖方的交货地点根据不同情况，可能是第一承运人所在地、货物特定存放地或制造地、卖方营业地三种情况。

（2）贸易术语的确定。《联合国国际货物销售合同公约》认可双方当事人业已同意的任何惯例和他们之间确立的任何习惯做法。除非另有协议，双方当事人应视为已默示同意他们已知道或理应知道的相关惯例。

当前，由于国际贸易惯例的影响力，国际货物买卖基本上已经实现标准化、规范化，进出口商通过选择不同的贸易术语即可确定交货地点。如 FOB、CFR、CIF 的交货地点是装运港船上，FCA、CPT、CIP 的交货地点是承运人所在地，EXW 的交货地点是货源地，DDP 的交货地点是进口国指定地点等。

2. 交货时间

根据《联合国国际货物销售合同公约》第 33 条："卖方必须按以下规定的日期交付货物：（a）如果合同规定有日期，或从合同可以确定日期，应在该日期交货；（b）如果合同规定有一段时间，或从合同可以确定一段时间，除非情况表明应由买方选定一个日期外，应在该段时间内任何时候交货；（c）在其他情况下，应在订立合同后一段合理时间内交货。"

合理时间，按照一般的国际实践，由法院根据货物的性质及合同的其他规定决定。但是"合理时间"的概念容易引起纠纷，因此，买卖双方在订立合同时最好明确规定交货时间。假如卖方没有在规定日期内交付货物，则买方有收取货物或拒绝收取货物的选择权。

3. 移交单据

（1）《联合国国际货物销售合同公约》的规定。《联合国国际货物销售合同公约》第 34 条的规定："如果卖方有义务移交与货物有关的单据，他必须按照合同所规定的时间、地点和方式移交这些单据。"

卖方应保证单据的完整并符合合同及《联合国国际货物销售合同公约》

的规定。完整，是指卖方应提交一切与货物有关的单据，以使买方顺利占有货物，向承运人、保险人行使索赔权等正当权益。这些单据通常包括提单、发票、保险单、装箱单、商检证、领事签证、原产地证明等。

（2）国际惯例的规定。根据 2020 通则的解释，按照交货性质，价格术语可以分实际交货和象征性交货两大类。不同的贸易术语下，卖方交货的时间和地点不同，交单义务也不相同。

在实际交货术语下，卖方必须按照合同规定，在指定的时间、地点将货物交由买方控制才算完成交货义务。而在象征性交货术语下，如 FOB、CFR、CIF 以及 FCA、CPT、CIP，卖方只要按照合同规定将货物交到指定装运港船上或者交给第一承运人，取得合同要求的装运单据并提交给买方，就算完成了交货义务。如果货物在运往目的港或目的地途中发生损失，只要提交的单据符合要求，卖方也无须承担责任。反之，即使货物符合要求，但卖方交单不符，也有可能遭到拒付。

（二）担保义务

除承担交货和交单义务外，《联合国国际货物销售合同公约》第 35～43 条还要求卖方保证提交的货物必须符合合同规定，包括卖方对所交货物的品质担保和权利担保。

1. 品质担保

品质担保又称瑕疵担保，是指卖方对其所售货物的质量、特性或适用性承担的责任。《联合国国际货物销售合同公约》规定，卖方交付的货物必须与合同所明示的数量、质量和规格相符，并须按照合同所规定的方式装箱或包装。卖方除了明示保证提交的货物应符合合同的规定外，除非买方在订立合同时知道或者不可能不知道货物与合同不符，卖方还应默示担保货物符合如下要求：

（1）货物适用于同一规格货物通常使用的目的；

（2）货物适用于订立合同时曾明示或默示地通知卖方的任何特定目的，除非情况表明买方并不依赖卖方的技能和判断力，或者这种依赖对他是不合理的；

（3）货物的质量与卖方向买方提供的货物的样品或样式相同；

（4）货物按照同类货物通用的方式装箱或包装，如果没有此种通用方式，则按照足以保全和保护货物的方式装箱或包装。

卖方违反品质担保，交货不符的，必须承担违反合同的责任。如果因货物质量问题导致人身伤亡和财产损失的，当事人还要依法承担产品责任。

2. 权利担保

权利担保，是指卖方应保证对其出售的货物享有合法的权利，没有侵犯任何第三方的权利，并且任何第三方不会就该项货物向买方主张任何权利。

根据各国法律规定，即使合同中没有明示规定，卖方也必须默示承担对货物的权利担保义务。

（1）权利担保的内容。根据《联合国国际货物销售合同公约》规定，卖方的权利担保义务含义有三个方面：第一，卖方应向买方担保他确实有合法的权利出售该货物。假如卖方将偷窃的东西卖给买方，则违反他对货物的所有权担保义务。第二，卖方应担保货物上不存在在订立合同时不为买方所知的他人的权利，如抵押权、留置权等。第三，卖方应向买方担保第三方对其提交的货物不得以侵权或其他类似理由提出合法要求，如卖方出售的货物及其使用不得侵犯第三方的专利权、商标权等。

（2）权利担保责任的免除。卖方所交付的货物，必须是第三方不能提出任何权利或要求的货物，除非买方同意在这种权利或要求的条件下，收取货物。卖方的所有权担保责任在下列情况下可以免除：

① 买方同意在有第三方权利或要求的条件下接受货物；

② 买方在订立合同时知道或者不可能不知道第三者的知识产权主张和要求；

③ 上述权利和要求的发生是由于卖方要按照买方提供的技术图样、图案、程序和其他规格。

二、买方义务

《联合国国际货物销售合同公约》第 53 条规定："买方必须按照合同和本公约规定支付货物价款和收取货物。"

（一）支付货款

1. 履行必要的付款手续

《联合国国际货物销售合同公约》第 54 条规定："买方支付价格的义务包括根据合同或任何有关法律和规章规定的步骤和手续，以便支付价款。"在国际货物买卖中，付款程序比国内贸易要复杂得多，买方通常无法直接支付，必须根据合同和法律、规章的要求做好一些先行的准备工作。例如：向银行申请开出信用证或银行保函；在实行外汇管制的国家，向政府主管部门申请进口许可证以及申请外汇等，凡此种种都属于买方付款义务的一部分。

2. 确定价格

在通常情况下，价格本身或确定价格的方法双方已在合同中明确约定，买方只要依约履行即可。但如果合同中没有明示或默示地规定价格或规定确定价格的方法，那么确定价格就成为买方支付的前提。对此，《联合国国际货物销售合同公约》第 55 条规定："在没有任何相反表示的情况下，双方当事人应视为已默示地引用订立合同时此种货物在有关贸易的类似情况下销售的通常价格。”这一规定的目的在于不至于使合同因为没有规定价格或计价方法而无法履行。同时，考虑到在货物以重量计量时，当事人对计重方法的分歧也会影响价格的确定，又进一步规定：“如果价格是按货物的重量规定的，如有疑问，应按净重确定。”

3. 支付地点

根据《联合国国际货物销售合同公约》第 57 条，如果买方没有义务在任何其他特定地点支付价款，他必须在以下地点向卖方支付价款：(1) 卖方的营业地，如果卖方有一个以上的营业地，则买方应在与合同履行有密切联系的营业地点向卖方支付价款；(2) 如凭移交货物或单据支付价款，则为移交货物或单据的地点。当然，如果在合同订立后，卖方营业地发生了变动，从而增加了买方支付费用的，这部分增加的支出应由卖方承担。

4. 支付时间

对于支付时间，当事人有约定的，依约定；没有约定的，《联合国国际货物销售合同公约》第 58 条制定了确定的规则：

(1) 如果买方没有义务在任何其他特定时间内支付价款，他必须于卖方按照合同和本公约规定将货物或控制货物处置权的单据交给买方处置时支付价款。卖方可将支付价款作为移交货物或单据的条件，比如托收业务下的付款交单。

(2) 如果合同涉及货物的运输，卖方可以在支付价款后方可把货物或控制货物处置权的单据移交给买方作为发运货物的条件。比如合同约定“在收到 100%预付货款后 15 天内发货”。

(3) 买方在未有机会检验货物前，无义务支付价款，除非这种机会与双方当事人议定的交货或支付程序相抵触。比如合同明确约定“随订单付现”，此时买方并未收到货物，甚至卖方的货物尚未发出或生产，买方自然也无法检验货物。

《联合国国际货物销售合同公约》同时规定，买方按合同或法律规定时间履行付款义务，不以卖方提出任何要求或办理任何手续为前提条件。

(二) 收取货物

国际货物买卖中，买方无理拒收货物，是经常发生的违约行为，应承担相应的违约责任。因此，按合同规定接收货物不仅是买方的一项权利，更是其一项义务。

按《联合国国际货物销售合同公约》第 60 条规定，买方收取货物的义务如下：

1. 采取一切理应采取的行动，以期卖方能交付货物

在国际货物买卖中，合同的履行需要当事人双方相互协助，其义务也是彼此衔接的。就买方收取货物而言，实际收取货物自然以卖方交付货物为直

接前提，而卖方交货有时又需要买方先行采取行动才能实际为之，比如合同中约定“卖方在收到信用证后30天内发货”，如果买方不去银行申请信用证，则卖方就无法发货。

2. 接收货物

此项义务内容是指在卖方实际交货时，买方应当按照合同的规定予以接收。根据合同的不同规定，有时是提取货物，有时则是收取货物。

这里要注意区别接收和接受的概念。接收，是指行使保全货物义务，不承认所有权转移，而保留索赔权；而接受是指认定货物与合同相符，承认所有权已转移至买方，由买方行使占有处分权的行为。买方接收货物并不意味着一定接受，也不代表买方因此丧失了对货物的检验权和向卖方索赔的权利。

任务实施

任务2　案例分析

任务描述

我国某外贸公司与澳大利亚某矿产公司签订购买镉合同，到了合同履行期3月的最后一天，澳方提出未装船发货是因为中方没有按合同规定及时提供商品检验证明、详细的装箱单和申请享受普惠制待遇的表格。中方称合同规定这些文件应由买方提供显属打字错误。中方申请仲裁，澳方反诉要求申诉人赔偿因其违约给被诉人造成的损失10 783.98美元。请问：本案应如何处理？

任务分析

想要解决本案例，就要理解《联合国国际货物销售合同公约》中关于卖方交单义务的规定。

任务完成

____

____

____

拓展知识

买方对货物的检验权

商品检验结果是买卖双方交接货物、支付货款、索赔等的重要依据。各国法律和贸易惯例一般都承认，买方有权对货物进行检验，如发现货物与合同或有关法律规定不符，买方有权向卖方索赔，甚至可以要求退货。《联合国国际货物销售合同公约》对买方检验货物的时间和地点以及索赔的期限做了明确的规定。

（一）检验货物的时间和地点

《联合国国际货物销售合同公约》第38条规定："买方必须在按情况实际可行的最短时间内检验货物或由他人检验货物。"为避免纠纷，实际业务中，买卖双方一般会根据选用的价格术语不同，在合同中明确约定检验的时间和地点。通常有以下几种情况：(1) 以出口国检验报告为准；(2) 以进口国检验报告为准；(3) 在出口国检验，在进口国复验。其中第3种最符合常用的贸易术语特点，也最为公平合理。

"如果合同涉及货物的运输，检验可推迟到货物到达目的地后进行。"当货物需要转运时，《联合国国际货物销售合同公约》允许把检验的地点延展到新的目的地，其第38条第(3)款规定："如果货物在运输途中改运或买方须再发运货物，没有合理机会加以检验，而卖方在订立合同时已知道或理应知道这种改运或再发运的可能性，检验可推迟到货物到达新目的地后进行。"

（二）货物不符时的索赔期限

当买方发现卖方所交货不符合合同的要求时，应根据合同或法律规定的时间通知卖方，并提出索赔或退换货物的要求。如果超出了规定的期限，买方就会丧失其应有的权利。

《公约》第39条规定："(1) 买方对货物不符合同，必须在发现或理应发现不符情形后一段合理时间内通知卖方，说明不符合同情形的性质，否则就丧失声称货物不符合同的权利。(2) 无论如何，如果买方不在实际收到货物之日起两年内将货物不符合同情形通知卖方，他就丧失声称货物不符合同的权利，除非这一时限与合同规定的保证期限不符。"

项目三

违反合同的救济方法

项目概述

通过本项目的学习，掌握国际货物买卖合同履行过程中，一方当事人违约时，另一方当事人可以采取的救济方法。

基础知识

救济方法是救济制度的核心内容，是依据一定标准对救济制度进行划分的外在表现形式。《联合国国际货物销售合同公约》虽然没有对违约救济给予定义，但是分别规定了卖方违约和买方违约的救济方法。

《联合国国际货物销售合同公约》第 45 条为买方提供了以下救济方法："（1）如果卖方不履行他在合同和本公约中的任何义务，买方可以：（a）行使第 46 条至第 52 条所规定的权利；（b）按照第 74 条至第 77 条的规定，要求损害赔偿。（2）买方可能享有的要求损害赔偿的任何权利，不因他行使采取其他补救办法的权利而丧失。（3）如果买方对违反合同采取某种补救办法，法院或仲裁庭不得给予卖方宽限期。"

《联合国国际货物销售合同公约》第 61 条为卖方提供了以下救济方法："（1）如果买方不履行他在合同和本公约中的任何义务，卖方可以：（a）行使第 62 条至第 65 条所规定的权利；（b）按照第 74 至第 77 条的规定，要求损害赔偿。（2）卖方可能享有的要求损害赔偿的任何权利，不因他行使采取其他补救办法的权利而丧失。（3）如果卖方对违反合同采取某种补救办法，法院或仲裁庭不得给予买方宽限期。"

一、买卖双方均可采用的救济方法

（一）实际履行

1. 实际履行的含义

实际履行是指发生违约行为后，守约方要求违约方按合同的规定履行合同或向法院提出实际履行之诉，由法院判令强迫违约方具体履行合同义务的救济方法。其含义包括两个方面：（1）当事人应自觉按约定履行合同，不得任意以其他方式尤其是简单的金钱赔偿来代替履约行为；（2）一方当事人不履行或不完全履行合同时，对方当事人有权要求其实际履行，未经权利人同意，不得以其他方式免除其在合同中的义务。实际履行是卖方和买方都可以采用的救济方法。

要求违约方实际履行的目的在于维护合同的法律效力，维持正常的商品交易秩序。当然，采用实际履行也并不意味着一切合同都必须坚持实际履行，经双方当事人同意，可以变更甚至解除合同。发生违约行为时，一方当事人如并不要求必须实际履行，违约方也可以通过其他方法免除合同义务。

2. 两大法系和《联合国国际货物销售合同公约》关于实际履行的态度

对于实际履行和损害赔偿措施的采用，英美法系和大陆法系有不同的规定。英美法系认为，损害赔偿是首要的违约救济方法，只有当损害赔偿不足以弥补受损方的损失时，才允许采取实际履行的救济措施。但是，大陆法系国家认为，要求违约方实际履行才是首要的救济方法，只有继续履行合同才能达到合同的目的。

《联合国国际货物销售合同公约》为了照顾大陆法系与英美法系在实际履行上的分歧，采取了折中条款。根据其第 28 条对实际履行的规定，守约方有权要求违约方实际履行合同义务，但是法院没有义务一定判决支持实际履行诉求，而是根据该国国内法决定是否做出要求违约方实际履行的判决。

《联合国国际货物销售合同公约》第 28 条是对实际履行的一种特殊限制，即本身没有对实际履行做出具体限制，而是通过第 28 条指引国内法律来限制实际履行，因而被认为是外部限制。然而，这一做法看似折中了各国对实际履行的不同意见，但实则并未真正解决问题，最终仍然是各依其国内法行事。

3. 卖方违约时，买方要求实际履行的权利

当卖方不履行合同义务时，买方可要求其实际履行合同义务，并可通过法院强制执行。根据《联合国国际货物销售合同公约》的规定，买方要求实际履行的权利适用于以下几种情况：

（1）卖方不履行合同时。《公约》第 46 条第（1）款规定："买方可以要求卖方履行义务，除非买方已采取与此一要求相抵触的某种补救办法。"即如果卖方不履行他在合同和公约中的任何义务，买方就可以要求实际履行。

但是如果买方已经采取了与实际履行要求相抵触的某些补救办法，此时法院就不能判决实际履行，以避免救济措施冲突或者重复救济。根据《联合国国际货物销售合同公约》的内容，与要求实际履行抵触的救济方法包括解除合同、要求减价等。

（2）卖方延迟履行合同时。依《联合国国际货物销售合同公约》第 47 条的规定，在卖方延迟履行时，买方可以规定一段合理时限的额外时间，让卖方履行其义务。除非买方收到卖方的通知声称他将不在所规定的时间内履行义务，买方在这段时间里不得对违反合同采取任何补救方法。但买方并不因此丧失他对迟延履行义务可能享有的要求损害赔偿的任何权利。

（3）卖方不完全履行合同时。依《联合国国际货物销售合同公约》第 46 条的规定，卖方所交货物与合同不符时，买方可以要求卖方对不符合合同的货物进行修补；卖方所交货物与合同不符构成根本性违约时，买方可以要求卖方交付替代货物。

可见，《联合国国际货物销售合同公约》的实际履行不仅指完全严格意义上的实际履行，还包括给予宽限期、要求交付替代货物、要求修理等灵活变通形式。

4. 买方违约时，卖方要求实际履行的权利

《联合国国际货物销售合同公约》第 62 条规定："卖方可以要求买方支

付价款、收取货物或履行他的其他义务，除非卖方已采取与此一要求相抵触的某种补救办法。”当买方违约时，卖方可以要求买方按合同的规定进行实际履行，如要求买方支付价款、收取货物等，即除非卖方已经采取与此要求相抵触的救济方式，比如解除合同。

由于买方义务的特殊性，卖方要求履行与买方要求履行不同，因为它不会对买方产生额外的义务，仅是要求他继续履行他最初的义务。但是在贸易实践中，如果买方拒收货物、拒付价款，卖方诉诸法院或提交仲裁以把货物强制推给买方的做法是很少见的。因为，如果卖方这样做，要承担仓储保管费，要花费时间和费用进行诉讼或仲裁，有时还会遇到买方丧失支付能力或破产的情况。因此，卖方通常是采取宣告解除合同，将货物转卖，同时请求损害赔偿的方法获得救济。

（二）给予宽限期

宽限期既是实际履行的延续，也是实际履行的一种灵活方式。履约宽限期，是指一方当事人不按合同规定的时间履行义务，另一方可以规定一段合理的额外时间，让延迟履行义务的一方继续履行其义务。这段合理的额外时间就是履约宽限期。

《联合国国际货物销售合同公约》关于履约宽限期的规定兼顾了各国法律，并形成了自己的特点：

第一，履约宽限期是买卖双方都可以采用的补救措施。

第二，规定履约宽限期是受损害方的一项权利，而非义务。这一规定主要为了照顾到英国法的有关规定。如果受损害一方认为情况已十分确定，违约方已构成根本违反合同，受损害一方可以不规定履约宽限期，而行使其他权利，如解除合同等。

第三，在履约宽限期内，给予履约宽限期的一方不得采取任何其他补救措施。这一规定的理论基础是，既然受损害一方已经允许违约方在宽限期内履行其义务，那么他就放弃了在宽限期内采取其他补救措施的权利。

第四，当事人任何一方并不因给予履约宽限期而丧失他对迟延履行义务可能享有的要求损害赔偿的任何权利，也就是说，给予履约宽限期并不意味着免除违约方的违约责任。即使违约方在履约宽限期内履行其义务，这仍构成迟延履行。给对方造成损害的，受损害一方仍可要求损害赔偿。

（三）损害赔偿

损害赔偿是指违约方用金钱来补偿另一方由于其违约行为所遭受的损失。各国法律均认为损害赔偿是一种比较重要的救济方法。在国际货物买卖中，它是使用最广泛的一种救济方法，也是普通法所给予的最主要的救济形式。

1. 两大法系和《联合国国际货物销售合同公约》关于损害赔偿的态度

英美法系认为，以金钱赔偿受害人所遭受的损失是主要的救济方式，并且是第一位的救济方法。英美法系关于实际损失的赔偿原则是对于实际损失要“尽量用金钱来使受害方回到一个合约被履行的地位”。

大陆法系一般规定，以恢复原状为原则，以金钱赔偿为例外，即以实际履行为主要救济方式。如按《德国民法典》第 249 条第（1）款规定，负损害赔偿责任者，应恢复损害发生的原状，只有在出现该条第（2）款的几种特定情况下才可要求金钱赔偿。

根据《联合国国际货物销售合同公约》，尽管实际履行是公约中的首要救济方式，但损害赔偿一直是公约乃至整个合同救济领域中最重要、最常见和最有效的方式。这是因为：

第一，单一的救济方式往往不能给当事人提供充分救济，而损害赔偿具有广泛适用性，能在任何情况下与其他救济方式结合使用。

第二，损害赔偿以“严格责任”为归责基础。避免了“过失责任原则”可能让违约方免除承担责任的漏洞，这对于国际贸易更为合适。

第三，《联合国国际货物销售合同公约》在给予受害方充分补偿的同时，不惩罚违约方。《联合国国际货物销售合同公约》第 74 条将利润等可得利益的损失明确界定在赔偿范围内，被认为“给予了受害方交易好处的补偿，包括期待和信赖利益”，体现了充分补偿原则。但又通过“可预见性”标准和减损规则加以限制，以实现受害方和违约方之间利益的平衡。这一做法和各国内法相吻合。

2. 损害赔偿范围的界定

各国法律对损害赔偿的规定往往都涉及违约一方赔偿责任的成立、赔偿范围和赔偿办法等问题，但是差异较大。大陆法系国家一般规定可主张赔偿的损失应包括违约所造成的实际损失和可获得的利益。按英美法系的原则，由于违反合同而可以主张的赔偿包括直接损害赔偿、附属损害赔偿和间接损害赔偿。

《联合国国际货物销售合同公约》第 74 条规定，“一方当事人违反合同应负的损害赔偿额，应与另一方当事人因他违反合同而遭受的包括利润在内的损失额相等。”与大陆法系的规定相似。学者们一般认为损害赔偿范围包含两部分：财产的直接减少和可得利益的丧失。

在确定损害赔偿范围时，必须牢记《公约》的第 5 条，“本公约不适用于卖方对于货物对任何人所造成的死亡或伤害的责任。”

3. 损害赔偿的规则限制

（1）可预见性规则。按照《联合国国际货物销售合同公约》第 74 条规定，“损害赔偿不得超过违反合同一方在订立合同时，依照他当时已知道或理应知道的事实和情况，对违反合同预料到或理应预料到的可能损失。”

可预见性标准限制了损害赔偿的范围，可见，让违约方能够预料到给对方造成的损失是很重要的。这就要求买卖双方在订立合同时把自己与合同有关的情况尽量告知对方，让对方预料到或理应预料到其不履行合同将会给自己造成的损失，并在违约时予以赔偿。

（2）减轻损害规则。《联合国国际货物销售合同公约》第 77 条规定了减轻损害规则："声称另一方违反合同的一方，必须按情况采取合理措施，减轻由于该另一方违反合同而引起的损失，包括利润方面的损失。如果他不采取这种措施，违反合同一方可以要求从损害赔偿中扣除可以减轻的损失数额。"这项规定体现了法律中的诚信原则。

（3）损益相抵规则。损益相抵，指受害人基于发生的同一个原因而获得利益时，应将所受利益从所受损害中扣除，违约方仅就其差额部分进行赔偿。该规则旨在确定受害人遭受的违约的"净损失"。大陆法系和英美法系都规定了损益相抵规则，我国和《联合国国际货物销售合同公约》对此没有明确规定，但这不妨碍实践中在衡量损失时的应用。

例如：甲向乙出售一批定制货物，合同总价值 40 万欧元。后因乙违约合同终止。随后，甲以 25 万欧元将该批货物卖给他人。现甲向乙主张损害赔偿。因乙违约，甲损失合同价值 40 万欧元。但是随后甲将货物卖给他人收益 25 万欧元，根据损益相抵原则，乙应赔偿甲 15 万欧元。

4. 损害赔偿的计算方法

（1）损害赔偿的一般计算方法。《联合国国际货物销售合同公约》第 74 条在确立损害赔偿范围的同时，亦是关于计算方法的一般规定。考虑到损害赔偿的有关规则，一般的损害赔偿额可计算如下：

违约方应该支付的损害赔偿额＝（直接财产损失＋可得利益损失＋为减损支付的费用）－（应该避免的损失＋避免的成本或因违约损害而获取的收益＋属于受害方自己过错造成的损失）

（2）宣告合同无效时损害赔偿的计算方法。根据《联合国国际货物销售合同公约》第 75 条和第 76 条规定，如果合同被宣告无效，要求损害赔偿的一方，在采取合理措施减轻损失的前提下，可以按下面两种情况要求损害赔偿：

1）买方已以合理方式购买替代货物，或者卖方已以合理方式把货物转卖，则受损方可以取得合同价格和替代货物交易价格之间的差额；

2）如果没有上述购买或转卖，而货物又有时价，则受损方可以取得合同规定的价格和时价之间的差额。时价指原应交付货物地点或另一合理替代地点的现行价格，根据宣告合同无效时间的不同，时价可能是宣告合同无效时的时价或接收货物时的时价。

（四）解除合同

宣告合同无效是违约的最后救济方式，旨在使受损方回到合同没有履行之前的状态。目前各国行使解除权的方式主要有两种：一种是由主张解除合同的一方当事人向法院起诉，由法院做出解除合同的判决；一种是无须经过法院，只需向对方当事人表示解除合同的意思即可。

1. 解除合同的实质条件

根据《联合国国际货物销售合同公约》第 49 条和第 64 条的规定，一方当事人在以下两种情况下可以宣告合同无效：

视频小课堂

根本违反合同

（1）根本违反合同。根本违反合同，按照《联合国国际货物销售合同公约》第 25 条的解释："一方当事人违反合同的结果，如使另一方当事人蒙受损害，以至于实际上剥夺了他根据合同规定有权期待得到的东西，即为根本违反合同，除非违反合同一方并不预知而且一个同等资格、通情达理的人处于相同情况中也没有理由预知会发生这种结果。"

根本违反合同是无效救济的实质条件，其效果是使受损方可以宣告合同无效。

（2）违约方在宽限期内未能履行。根据《联合国国际货物销售合同公约》第 49 条第（1）款（b）："如果发生不交货的情况，卖方不在买方按照第 47 条第（1）款规定的额外时间内交付货物，或卖方声明他将不在所规定的时间内交付货物。"以及第 64 条第（1）款（b）："买方不在卖方按照第 63 条第（1）款规定的额外时间内履行支付价款的义务或收取货物，或买方声明他将不在所规定的时间内这样做。"可见，除根本违反合同外，如果守约方给予违约方宽限期履行合同，违约方未能履行或声明不履行的，守约方可以解除合同。

履约宽限期是守约方的权利而非义务，也就是说，守约方可以根据不同情况决定是否行使这项权利。假若构成根本违反合同，守约方可以直接解除合同，而不必先规定履约宽限期。

2. 解除合同权利的限制

由于解除合同往往给对方带来不堪设想的损失，因此，各国合同法都对解除合同的权利加以一定的限制，《联合国国际货物销售合同公约》对当事人行使合同解除权也规定了以下限制：

（1）解除合同的权利必须在合理时间内行使。《联合国国际货物销售合同公约》在相关条款中规定了对宣告合同无效的时间限制，一方当事人违约，另一方有权解除合同时，则他的这种权利必须在合理时间内行使。

这一关于"合理时间"的限制，对买方来说主要有以下几种情况：第一，假若卖方迟延交货，买方须在知道交货后一段合理时间内解除合同；第二，如果卖方交货与合同严重不符，买方须在知道这种情况后一段合理时间内解除合同；第三，在规定履约宽限期的情况下，买方应在履约宽限期满后，或在卖方声明他不在履约宽限期内履行义务后一段合理时间内解除合同；第四，卖方交货与合同严重不符，卖方要求采取补救措施，补救期过后，卖方仍未履行其义务，或者买方不同意卖方采取补救措施，在这两种情况下，买方如果要解除合同，应在补救期过后或者拒绝卖方采取补救措施后一段合理时间内进行。

对卖方来说，主要有以下两种情况：第一，对于买方迟延履行义务，卖方须在知道买方履行义务之前解除合同，否则就不能解除合同；第二，对于买方迟延履行义务以外的任何违反合同的事情，卖方须在知道或理应知道这种违约事情后的一段合理时间内解除合同。

（2）行使解除合同的权利，须通知对方。《联合国国际货物销售合同公约》第 26 条明确规定："宣告合同无效的声明，必须向另一方当事人发出通知，方始有效。"解除合同的一方如果没有通知另一方，就不能有效地行使解除合同的权利。《联合国国际货物销售合同公约》采取与英美法、德国法相同的原则，这样的规定既可以使违约方及时知道合同所处的状态，同时采取措施减少不必要的损失，又可以避免受损方利用对方根本违约的机会视市场行情涨落取得不公平利益。

3. 解除合同的法律后果

《联合国国际货物销售合同公约》第 81 条对解除合同产生的法律后果做出了明确规定。

第一，宣告合同无效解除了双方在合同中的义务。如果合同被部分宣告无效，当事人就无效部分的合同义务被解除。

第二，宣告合同无效不影响合同关于解决争端的规定，也不影响合同中关于双方解约后权利和义务的规定。这意味着合同的某些条款具备独立于合同的效力，不因合同的解除而无效。

第三，如果合同在已被履行或部分履行后解除，已履约方可以要求对方返还其已提交的货物或支付的价款。

第四，宣告合同无效不影响一方当事人要求损害赔偿的权利。《联合国国际货物销售合同公约》中损害赔偿和无效救济的共存关系反映了大多数国家的做法，而且更加符合救济制度的本质。无论是无效救济还是损害赔偿都以"救济"为使命，只要它们在本质上不存在冲突，法律就不应该予以限制，而应该采用一种兼容并包的灵活态度允许它们共存。

（五）中止履行合同义务

根据《联合国国际货物销售合同公约》第 71 条规定，如果订立合同后，一方当事人由于某种原因显然将不履行其大部分重要义务，另一方当事人可以中止履行义务，即暂时停止履行合同的义务并立即通知对方。

中止履行合同义务是针对预期违约而设立的一种补救措施，预期违约只是一方当事人凭主观判断的违约可能性。如果仅凭主观判断就认定对方将要违约，便能随意中止履行合同义务，这显然是不符合合同的法律效力的。因此，各国法律对行使中止履行合同义务这一补救措施都有比较严格的限制。《联合国国际货物销售合同公约》对此做了以下规定：

（1）可以判断为一方当事人预期违约的情况包括：他履行义务的能力或他的信用有严重缺陷；他在准备履行合同或履行合同中的行为显示他将不履行其主要义务。

（2）如果卖方在上述理由明显化以前已将货物发运，他可以阻止将货物交付给买方，即使买方持有其有权获得货物的单据。本款规定只与买方和卖方间对货物的权利有关。

（3）中止履行义务的一方当事人必须立即通知另一方当事人。

（4）如经另一方当事人对履行义务提供充分保证，则他必须继续履行义务。

二、买方的其他救济措施

卖方所交货物与合同规定不符时，除可能要求实际履行或给予宽限期或解除合同以及要求损害赔偿外，买方还可以要求卖方采取以下救济方法。

（一）要求卖方交付替代物

《联合国国际货物销售合同公约》第 46 条第 2 款规定："如果货物不符合同，买方只有在此种不符合同情形构成根本违反合同时，才可以要求交付替代货物，而且关于替代货物的要求，必须与依照第 39 条发出的通知同时提出，或者在该项通知发出后一段合理时间内提出。"买方采用这种救济方法时应注意即只有在卖方所交货物不符合合同情形相当严重，已构成根本违约时，才可以采用此方法。

（二）要求卖方对不符合同的货物进行修补

《联合国国际货物销售合同公约》第 46 条第 3 款规定："如果货物不符合同，买方可以要求卖方通过修理对不符合同之处做出补救，除非他考虑了所有情况之后，认为这样做是不合理的。修理的要求必须与依照第 39 条发出的通知同时提出，或者在该项通知发出后一段合理时间内提出。"这项规定适用于货物不符合同的情况并不严重，尚未构成根本性违反合同，只需卖方加以修理，即可使之符合合同的要求的情形。

例如：货物的缺陷轻微，只需略加修理即可符合合同的要求，在这种情况下，买方可以自行修理或请第三人进行修理，所需要费用或开支，可要求卖方予以赔偿。

（三）要求减价

按照《联合国国际货物销售合同公约》第 50 条的规定："如果货物不符合同，不论价款是否已付，买方都可以减低价格，减价按实际交付的货物在交货时的价值与符合合同的货物在当时的价值两者之间的比例计算。但是，如果卖方按照第 37 条或第 48 条的规定对任何不履行义务做出补救，或者买方拒绝接受卖方按照该两条规定履行义务，则买方不得减低价格。”

《联合国国际货物销售合同公约》还规定，在以下情况下，买方不得要求减低价格：第一，如果卖方在交货日期前交货，并且已按照第 37 条规定在交货日期到达前对所交付货物中任何不符合合同的情形做出补救时；第二，卖方在交货日期以后，按照第 48 条规定，自付费用，对任何不履行义务做出补救时；第三，买方拒绝卖方按照以上两条规定进行补救时。

（四）提前或溢交货物的救济方法

按照《联合国国际货物销售合同公约》第 52 条：“（1）如果卖方在规定的日期前交付货物，买方可以收取货物，也可以拒绝收取货物。（2）如果卖方交付的货物数量大于合同规定的数量，买方可以收取也可以拒绝收取多交部分的货物。如果买方收取多交部分货物的全部或一部分，他必须按合同价格付款。”

三、卖方的其他救济措施

（一）自行确定货物的具体规格

《联合国国际货物销售合同公约》第 65 条规定：“（1）如果买方应根据合同规定订明货物的形状、大小或其他特征，而他在议定的日期或在收到卖方的要求后一段合理时间内没有订明这些规格，则卖方在不损害其可能享有的任何其他权利的情况下，可以依照他所知的买方的要求，自己订明规格。（2）如果卖方自己订明规格，他必须把订明规格的细节通知买方，而且必须规定一段合理时间，让买方可以在该段时间内订出不同的规格。如果买方在收到这种通知后没有在该段时间内这样做，卖方所订的规格就具有约束力。”

（二）要求支付利息

《联合国国际货物销售合同公约》第 78 条规定：“如果一方当事人没有支付价款或任何其他拖欠金额，另一方当事人有权对这些款额收取利息，但不妨碍要求按照第 74 条规定可以取得的损害赔偿。”

任务实施

任务 3　案例分析

任务描述

中国 A 公司与美国 B 公司签订进口 1 000 公吨小麦合同。事后 A 公司与中国其他两家公司分别签订转售 500 公吨小麦合同。合同履行期内，B 公司因故明确表示无法履行合同。A 公司多次交涉未果，遂向 B 公司提出如下赔偿要求：(1) B公司无法履行合同造成的利润损失；(2) 支付给国内两家公司的违约金；(3) 催促B公司履行合同等文电、办公费用；(4) 其他因B公司违反合同造成的损失。请问：根据《联合国国际货物销售合同公约》的规定，A公司的要求是否合理？为什么？

任务分析

想要解决本案例，就要理解《联合国国际货物销售合同公约》关于损害赔偿这一救济方法的使用原则以及损害赔偿额的计算方法。

任务完成

____

____

____

拓展知识

预期违约与不安抗辩权

预期违约与不安抗辩权分别是英美法系和大陆法系对合同预期不履行进行救济的代表性制度。我国《民法典》借鉴两大法系，尝试两项制度结合起来，分别对预期违约和不安抗辩权做了规定。

(一) 预期违约

预期违约是指在履约期到来前，一方明确表示其将不履约，或者其行为表明其将不可能履约，分为债务人主观上将不履行、客观上将无法履行两种情形。

如果债务人主观上明示将不履约，债权人可以主张立即解除合同，或者等履约期到来后，要求对方实际履行，如果届时对方不履行，再按实际违约要求对方承担责任。

如果债务人客观上将无法履行，债权人可以要求债务人在合理期间内提供充分履约担保，如果债务人无法提供，债权人可以解除合同。

(二) 不安抗辩权

不安抗辩权是指在有先后履行顺序的双务合同中，应先履行义务的一方有确切证据证明对方有难以给付之虞时，在对方当事人未履行或提供担保之前，有暂时中止履行合同的权利。

不安抗辩权主要适用于债务人客观上难以履行的情形。按我国《民法典》第五百二十七条规定，当债务人出现“经营状况严重恶化”“转移财产、抽逃资金，以逃避债务”“丧失商业信誉”等情形，债权人就可以行使不安抗辩权。

先履行方行使不安抗辩权应及时通知对方，“对方提供适当担保时，应当恢复履行”。要求提供履约担保，是不安抗辩权与预期违约制度衔接的表现。同时，我国《民法典》明确赋予先履行方以解约权，对未能及时恢复履行能力或提供担保的，“中止履行的一方可以解除合同并可以请求对方承担违约责任”。这是对大陆法系各国不安抗辩权制度的重大发展，从而使该制度能够为先履行方提供更加充分的法律保护。

项目四 货物所有权与风险的转移

项目概述

通过本项目的学习，理解国际货物买卖合同中货物所有权和风险分别在什么时间由卖方转移给买方。

基础知识

国际货物买卖中，所有权与风险从何时起转移到另一方，具有十分重要的意义，它关系到买卖双方的切身利益。

一、货物所有权的转移

货物所有权转移是买卖合同的核心问题，各国法律对所有权转移适用不同的原则和规定，且差异很大。

（一）英美法系的相关规定

1. 英国《货物买卖法》的相关规定

英国《货物买卖法》根据货物是特定物或是非特定物对所有权转移问题做出了不同的规定。

（1）特定物的买卖。按照英国《货物买卖法》第 17 条的规定，对于特定物的买卖，所有权转移时间“按合同当事人在合同中表达的意图确定。”

如果双方当事人在合同中对此没有做出明确的规定，则法院可根据合同的条款、双方当事人的行为以及当时的具体情况来确定订约双方的意图。一般来说，法院应依据的规则是：①凡属于无保留条件的特定物买卖，如果该特定物已处于可交付的状态，则货物所有权在合同订立时即转移于买方。②如果卖方还要对货物做出某种行为，才能使之处于可交付的状态，或者该特定物已处于可交付状态，但卖方仍须对货物进行称重、丈量、检验或者其他行为，才能确定价款，则要等到以上这些行为完成并在买方得到有关通知时，货物所有权才转移于买方。

（2）非特定物的买卖。非特定物通常是指仅凭说明进行交易的货物或者期货。按照英国《货物买卖法》的规定，凡属于说明买卖未经指定或者未经特定化的货物，在将货物特定化之前，其所有权不转移于买方。

特定化就是把处于可交货状态的货物无条件地划拨于合同项下的行为。一般地说，如果按照合同的约定，卖方以把货物运交买方为目的而将货物交给承运人，并且没有保留对货物的处分权，则可以认为卖方已经无条件地把货物划拨于合同项下并将货物的所有权转移给买方。

视频小课堂

货物的特定化

2.《美国统一商法典》的相关规定

《美国统一商法典》在货物所有权转移问题上的一个基本原则是，在把货物确定在合同项下以前，货物的所有权不转移于买方。除当事人另有约定外，特定化后的货物，其所有权应当于卖方实际交付货物时转移于买方，不管卖方是否通过保留提单等来保留其对货物的权利。

可见，美国确立的所有权转移的原则是以货物的交付为标准的，主要分为以下三种不同的情况：

（1）当合同约定在目的地交货时，所有权在卖方于目的地提示交付时转移。

（2）当合同要求或者授权卖方将货物发送给买方，但并未要求卖方将货物运送至目的地时，所有权在交付发运的时间和地点转移至买方，比如交由承运人控制。

（3）货物不需要移动，就地即可交付的，分两种情况：①如果卖方应当交付所有权凭证，则货物的所有权在卖方交付凭证时转移于买方。比如卖方可能已经把货物交给第三人保管，存入仓库，买方凭相应单据到指定的仓库提货。②如果合同订立时货物已特定化，且无须交付所有权凭证，则货物的所有权在合同订立时就转移于买方。

（二）大陆法系的相关规定

1. 德国的相关规定

《德国民法典》认为，货物所有权的转移属于物权法的范畴，而买卖合同则属于债权法的范畴，买卖合同本身并不起到转移标的物所有权的效力。依照《德国民法典》第929条，如让与动产的所有权，必须由所有人将物交付于受让人，并就所有权的移转由双方成立合意。可分为两种情况：

（1）在卖方将货物交付买方时，所有权转移；

（2）当卖方需要交付物权凭证时，在交付物权凭证时所有权转移。

2. 法国的相关规定

《法国民法典》第 1583 条规定，当事人双方就标的物及其价金相互同意时，即使标的物尚未交付，价金尚未支付，买卖即告成立，而标的物的所有权亦在此时发生转移。根据这一规定，特定物的买卖，合同一经成立所有权就随之转移。

但根据该法典第 1585 条规定，种类物的买卖，则必须特定化后才能转移所有权。该法典第 1587 条和 1588 条还规定，附条件的买卖，须于条件成就时，所有权才转移于买方。

（三）我国法律的相关规定

根据我国《民法典》第一百三十条规定："买卖合同是出卖人转移标的物的所有权于买受人，买受人支付价款的合同。"出卖人应当履行向买受人交付标的物或者交付提取标的物的单证，并转移标的物所有权的义务。因出卖人未取得处分权致使标的物所有权不能转移的，买受人可以解除合同并请求出卖人承担违约责任。

标的物所有权原则上在交付货物时发生转移，但我国《民法典》同时规定："当事人可以在买卖合同中约定买受人未履行支付价款或者其他义务的，标的物的所有权属于出卖人。"而且，在标的物所有权转移前，买受人因这些原因造成出卖人损害的，除当事人另有约定外，出卖人有权取回标的物。

（四）国际贸易惯例的相关规定

在国际贸易惯例中，只有国际法协会制定的关于 CIF 合同的 1932 年《华沙-牛津规则》对所有权转移的时间与条件做了规定，该规则至今仍然沿用。其他国际贸易惯例，包括国际商会制定的《国际贸易术语解释通则》都没有涉及所有权转移的问题。根据《华沙-牛津规则》第 6 条规定，除卖方依据法律对货物享有留置权、保留权或者中止交货权外，货物所有权的转移时间，就是卖方将有关单据交到买方掌握的时刻，这里的单据主要就是指提单。虽然该规则只是针对 CIF 合同的特点制定的，但一般认为这项原则也可以适用于卖方有提供提单义务的其他合同，比如 FOB 合同和 CFR 合同。

（五）《联合国国际货物销售合同公约》的相关规定

货物的财产权归属问题是解决贸易争端首先必须解决的问题。由于各国法律对所有权转移适用不同的原则和规定，不易统一，因此《联合国国际货物销售合同公约》对货物所有权转移的问题采取了回避态度。《联合国国际货物销售合同公约》第 4 条明确规定，公约只适用于销售合同的订立和买卖双方的权利义务关系，与合同对所售货物所有权可能产生的影响无关。

因此，对货物所有权转移的争议应由解决争议的法院或仲裁庭依照国际惯例或依国际私法规定适用的国内法律来解决。

二、货物风险的转移

国际货物买卖比国内货物买卖具有更大的风险。自然灾害、意外事故、一般外来风险或特殊外来风险都可能导致货物发生短少、变质或灭失等损失。确定风险转移界限的目的，就是要确定这种损失发生时应当由买卖双方中的哪一方来承担的问题。

虽然多数情况下，当事人可能已经购买了国际货物运输保险，但是根据保险的赔偿原则，只有风险承担方才能获得赔偿，因此，确定谁承担风险才能确定谁应该出面向保险公司索赔。更何况，在当事人没有投保或者货物损失不属于承保范围的情况下，风险的划分界限在哪、损失由谁承担就至关重要了。

关于风险从何时起由卖方转移给买方，各国法律规定不一致。鉴于《联合国国际货物销售合同公约》和国际贸易惯例的影响力，这里重点介绍《联合国国际货物销售合同公约》和国际贸易惯例的相关规定。

（一）风险转移的一般原则

1. 允许当事人在合同中约定风险转移的问题

根据《联合国国际货物销售合同公约》第 6 条："双方当事人可以不适用本公约"，因此国际货物买卖合同双方当事人可以在合同中自行约定风险转移的问题。

2. 以交货时间确定风险转移时间

在国际货物买卖中，货物交付是一个很具体的问题，而所有权转移则比较抽象，特别是运输途中货物由承运人控制，所有权与占有权分离，势必导致风险分担问题上出现不同意见。与英国《货物买卖法》的"物主承担风险"原则不同，《联合国国际货物销售合同公约》将所有权转移与风险转移区别开来，原则上以交货时间确定风险转移时间。

3. 承认国际贸易惯例的影响力

《联合国国际货物销售合同公约》承认国际货物买卖合同双方当事人业已同意的任何惯例对双方当事人均有约束力。

按照《国际贸易术语解释通则 2020》（以下简称 2020 通则）的解释，不同的价格术语下，其风险划分界限不同。如 EXW 术语下，货物风险于卖方在工厂将货物交由买方处置时转移；FOB、CFR、CIF 合同，货物风险于卖方在装运港船上交货时转移；FCA、CPT、CIP 合同，货物风险于卖方将货物交给承运人控制时转移；D 组术语合同则要求卖方将货物安全送达指定运输终端或目的地，风险在此时转移。如果交易双方选择了某一价格术语，除非合同另有约定，则风险划分界限按国际贸易惯例办理。

（二）风险转移所产生的后果

根据《联合国国际货物销售合同公约》第 66 条规定，货物在风险转移到买方承担后遗失或损坏，买方支付价款的义务并不因此解除。

这就是说，一旦风险由卖方转移给买方，买方就要对货物的损失承担责任，即使货物灭失或损坏，买方仍须承担付款责任；反之，如果风险没有转移，即使卖方已经托运交付货物，货物灭失或损坏的结果也应该由卖方承担，卖方仍需向买方交付符合合同要求的货物。

（三）风险转移的具体时间

按照国际货物买卖实践中交货方式的不同，风险转移的具体时间也不相同，一般来说，分以下三种情况：

1. 合同涉及运输时风险的转移

按照《联合国国际货物销售合同公约》第 67 条第（1）款规定，如果销售合同涉及货物的运输，风险转移分两种情况：第一，卖方没有义务在某一特定地点交付货物，自货物按照销售合同交付给第一承运人以转交给买方时起，风险就移转到买方承担；第二，卖方有义务在某一特定地点把货物交付给承运人，在货物于该地点交付给承运人以前，风险不转移到买方承担。

但是，无论在上述何种情况下，货物特定化都是风险转移的前提，而卖方保留控制货物处置权的单据，并不影响风险的转移。

2. “运输中销售的货物”风险的转移

某些情况下，卖方先将货物装上开往某地的运输工具（主要是船舶），然后寻找买主订立买卖合同，这种买卖就是在运输途中的买卖，在外贸业务中称为“海上路货”。

根据《联合国国际货物销售合同公约》第 68 条规定，对于在运输途中销售的货物，从订立合同时起，风险就转移到买方承担。但是，如果情况表明有此需要，从货物交付给签发载有运输合同单据的承运人时起，风险就由买方承担。尽管如此，如果卖方在订立合同时已知道或理应知道货物已经遗失或损坏，而他又不将这一事实告知买方，则这种遗失或损坏应由卖方负责。这里何为“情况表明有此需要”没有明确的标准，实践中根据个案从严适用。

3. 其他情况下风险的转移

对于不属于前面规定的其他情况下，风险就在从买方接收货物时转移，如果买方不在适当的时间内接收货物，风险就从货物已交买方处置而买方违反合同不收取货物时转移至买方。如果买方有义务在卖方营业地以外的某一地点接收货物，当交货时间已到，而买方知道货物已在该地点交给他处置时，风险从卖方转移至买方。但是，如果合同指的是当时未加识别的货物，在这些货物清楚注明有关合同前，不视为已交买方处置，风险不发生转移。

任务实施

任务4　案例分析

任务描述

中国A公司向国外B公司按CIF条件出口一批大米。卖方按约定发货，并提供了装船前的商品检验证书，证明货物是符合要求的。货物出运后，卖方向买方银行提交了全套合格货运单据，取得货款。但是买方收到货物后发现，货物品质与合同要求明显不符，遂向卖方提出索赔。卖方认为，货物已经装船，按照CIF合同的特点，货物风险已经转移给买方，而且卖方提交的单据是合格的，因此损失由买方自己承担。随后，买方提供证据证明大米品质之所以下降，是因为卖方所租船舶刚刚装运过黄沙，船舱未打扫干净，导致大米受损。请问：该案中，货物风险是否已经转移给买方？

任务分析

要想解决这个案例，必须了解CIF术语的特点，以及卖方的交货和交单义务。同时，还要理解一方当事人违约对风险转移的影响。

任务完成

____

____

____

拓展知识

当事人违约对风险转移的影响

按照《联合国国际货物销售合同公约》规定，原则上以交货时间确定风险转移时间。但是，在履约过程中，当事人违约会对风险转移界限产生影响。

《联合国国际货物销售合同公约》第36条规定，如果是由于卖方违约造成的，则卖方对按一般原则确定的风险转移之后的遗失或损坏应负有责任。并且，第66条规定，此时，买方甚至可以解除其付款义务。可见，假如卖方发生违约行为，就算卖方已经交付货物，风险也转移不出去，看起来风险转移比交货时间推后了。

《联合国国际货物销售合同公约》第60条规定，买方应采取行动，以期卖方能交付货物。假如买方未履行某项义务而致使卖方无法如约交货的，按公约的一般原则，此时风险无法转移。

【学习测试】

一、单项选择题

1. 国际货物买卖合同与国内货物买卖合同的区别是（　　）。

A. 签订合同的程序不同　　B. 双方当事人地位不同

C. 它具有涉外性　　D. 双方当事人权利义务不一样

2.《联合国国际货物销售合同公约》的通过时间和生效时间分别是（　　）。

A. 1964 年、1979 年　　B. 1980 年、1988 年

C. 1969 年、1978 年　　D. 1964 年、1978 年

3.《联合国国际货物销售合同公约》适用于（　　）。

A. 营业地分处不同缔约国的当事人之间的货物买卖

B. 具有不同国籍的当事人之间的货物买卖

C. 船舶、飞机、气垫船的买卖

D. 卖方提供劳务或其他服务的买卖

4. 在两个《联合国国际货物销售合同公约》缔约国的当事人之间订立的下列合同中，（　　）才适用于公约。

A. 飞机买卖合同　　B. 粮食买卖合同

C. 电力买卖合同　　D. 咨询服务合同

5.《联合国国际货物销售合同公约》对（　　）予以规范。

A. 合同的效力

B. 合同的成立

C. 合同对货物所有权的影响

D. 货物对人身造成伤亡引起的产品责任

6. 在（　　）的国家，买卖法通常作为民法典的一部分，在债篇中加以规定。

A. 大陆法系民商合一　　B. 大陆法系民商分立

C. 英美法系　　D. 所有

7. 根据《联合国国际货物销售合同公约》的规定，如果卖方不按照合同规定的时间交货的本身已经构成根本违反合同，则买方（　　）。

A. 必须给卖方一段合理的期限履行合同

B. 可以不给卖方一段合理的期限即可撤销合同

C. 只能采用请求损害赔偿的方法来补救

D. 只能要求实际履行

8. 在订立合同时，如买方已知第三方对货物会提出有关侵犯工业产权或

其他知识产权的权利或请求的，则（　　）。

A. 卖方对此应承担责任　　B. 买方对此应承担责任

C. 买方对此不承担责任　　D. 买卖双方都应承担责任

9. 在国际贸易中，一方违约使得另一方遭受经济损失，受损方在依法解除合同后，（　　）。

A. 无权再提出损害赔偿要求

B. 有权再提出损害赔偿要求

C. 是否有权再提出损害赔偿要求视损失额的大小而定

D. 合同的争议解决条款也随之被解除

10. 按《联合国国际货物销售合同公约》规定，在分批交货合同中，如果一方当事人对其中任何一批货物已构成根本违反合同，并且合同项下的各批货物是互相依存、不可分割的，则买方可以（　　）。

A. 宣告合同对该批货物无效

B. 宣告合同对包括该批货物在内的以前各批货物无效

C. 宣告整个合同无效

D. 宣告该批及以后各批货物无效

11.《联合国国际货物销售合同公约》中规定的违约救济方法，实践中使用最广泛的是（　　）。

A. 预期违约　　B. 实际履行　　C. 损害赔偿　　D. 解除合同

12. 根据《联合国国际货物销售合同公约》的规定，如果销售合同涉及货物的运输，则卖方的交货地点为（　　）的营业地。

A. 买方　　B. 卖方　　C. 第一承运人　　D. 最终买方

13. 某国的A公司向我国的B工厂（有外贸经营权）发出要约，拟出口一项专项技术及使用该专项技术的设备，B厂承诺，但A公司要求B厂再发一份确认书，于是B厂又发了一份确认书，后又报我国对外经济贸易合作部并获批准，A公司依约交付了专项技术及设备。该合同自（　　）起生效。

A. B厂承诺之日　　B. 批准之日

C. 确认之日　　D. A公司交付标的之日

14. 衡量国际货物买卖合同的标准是（　　）。

A. 当事人的国籍分属于不同国家

B. 货物运输是否经过第三国

C. 当事人营业地是否分处于不同国家

D. 当事人是否分处于不同国家

15.《联合国国际货物销售合同公约》在风险转移方面采取（　　）原则。

A. 以合同订立时间确定风险转移

B. 以交货时间确定风险转移

C. 以所有权转移时间确定风险转移

D. 以买方实际控制货物时间确定风险转移

16. 依《联合国国际货物销售合同公约》规定，如合同对风险没有约定，且卖方没有义务在某一特定地点将货物交给承运人，则货物风险转移时间为（　　）。

A. 卖方将货物交给第一承运人时

B. 卖方将货物交给买方时

C. 卖方将货物在该特定地点交给承运人时

D. 卖方将货物启运时

17. 根据2010通则的规定，下列关于CIF表述正确的是（　　）。

A. 卖方应当在目的港交货

B. 买方应负责办理出口清关手续

C. 卖方应负责货物运输途中的风险

D. 该术语的交货地点在装运港

18. 在FCA术语下，货物风险从卖方转移给买方的时间是（　　）。

A. 卖方将货物交给指定承运人时

B. 卖方将货物交给买方支配时

C. 货物装到运输工具上时

D. 货物确定在合同项下时

二、多项选择题

1. 下列哪些国家采用以交货时间决定风险转移时间的原则？（　　）

A. 英国　　B. 法国　　C. 美国　　D. 德国

2. 下面关于《联合国国际货物销售合同公约》的适用范围，正确的有（　　）。

A. 营业地处于不同缔约国的当事人之间订立的买卖合同

B. 营业地处于同一缔约国的当事人之间订立的买卖合同

C. 国籍处于不同缔约国的当事人之间订立的买卖合同

D. 营业地处于不同非缔约国当事人之间订立的买卖合同，但因国际私法的规则导致其适用某一缔约国法律

3.《联合国国际货物销售合同公约》对于卖方交货与合同规定不符时，买方可以采取的救济方法有（　　）。

A. 要求减价　　B. 撤销合同

C. 请求损害赔偿　　D. 要求加价

4. 以下对我国与《联合国国际货物销售合同公约》的表述，正确的是（　　）。

A. 我国是该公约的缔约国

B. 我国对该公约作了无保留的接受

C. 我国对该公约提出了一项重要的保留

D. 我国对该公约提出了两项重要的保留

5. 根据《联合国国际货物销售合同公约》规定，违约的赔偿范围包括（　　）。

A. 违约方在订约时已经预见的损失

B. 违约方在订约时应预见的损失

C. 实际损失

D. 所失利益

E. 违约方在订约时未能预见的损失

6. 目前，国际上关于国际货物买卖的国际公约主要有（　　）。

A.《国际货物买卖统一法公约》

B.《国际货物买卖合同成立统一公约》

C.《汉堡规则》

D.《联合国国际货物销售合同公约》

7. 国际贸易惯例具有（　　）的特点。

A. 经长期实践形成，普遍性

B. 明确的内容，行为规则的性质

C. 能自动适用

D. 允许当事人修改或补充

E. 与合同规定有冲突时，以惯例为准

8. 从交货方式上看，属于象征性交货的贸易术语有（　　）。

A. EXW　　B. FOB　　C. CIF　　D. FCA

E. DDP

9. 对于“装运港船上交货”术语理解正确的有（　　）。

A. 该术语是象征性交货

B. 卖方应向买方交付提单或其他装运单据

C. 卖方应保证货物安全抵达目的港

D. 该术语只适用于海运或内河运输

10. 根据《联合国国际货物销售合同公约》规定，卖方必须承担的义务包括（　　）。

A. 货物质量担保　　B. 所有权担保

C. 提交货物　　D. 移交与货物有关的单据

11. 在实践中，卖方违约，买方可采取的补救方法有（　　）。

A. 实际履行　　B. 减少价金　　C. 解除合同　　D. 损害赔偿

12. 在实践中，买方违约，卖方可采取的补救方法有（　　）。

A. 实际履行　　B. 损害赔偿　　C. 解除合同　　D. 支付利息

13. 卖方可以宣布合同无效的情形，包括（　　）。

A. 买方不履行他在合同或公约中的义务，造成根本违反合同

B. 买方不在卖方给予的宽限期内履行合同

C. 买方声明不履行合同

D. 买方已经履行合同

14. 根据《联合国国际货物销售合同公约》规定，买方必须承担的义务包括（　　）。

A. 接受货物　　B. 接收货物　　C. 交付货款　　D. 检验货物

15. 国际上对所有权转移问题有（　　）的做法。

A. 以合同订立时间作为所有权转移时间

B. 货物特定化后在交货时所有权发生转移

C. 货物特定化后以双方当事人的意图决定所有权的转移

D. 交货时所有权转移

16. 在现代各国合同法制度中，合同书面形式具有（　　）作用。

A. 使合同具有确定性　　B. 是确定合同效力的实质条件

C. 证据作用　　D. 使合同具有公开性和告诫性

17. FOB、CIF 和 CFR 三种贸易术语的共同点在于（　　）。

A. 交货地点相同　　B. 适用的运输方式相同

C. 风险划分的界限相同　　D. 解决争议的方式相同

18. 国际贸易术语是以不同的交货地点为标准，用简短的概念或英文缩写字母表示的术语。它可以明确表示（　　）。

A. 买卖双方的费用分担　　B. 合同争议所适用的法律

C. 买卖双方的责任划分　　D. 买卖双方的风险承担

三、判断题

1. 只要合同双方所在国家都是《联合国国际货物销售合同公约》的缔约国，则该公约必然适用于它们之间的国际货物买卖合同。（　　）

2. 《联合国国际货物销售合同公约》中所指的国际货物买卖合同包括国际劳务输出合同。（　　）

3. 按照《联合国国际货物销售合同公约》规定，在任何情况下，如果买方不在实际收到货物之日起两年内将货物不符合同的情况通知卖方，他就丧失了声称货物不符合同的权利。（　　）

4. 国际贸易惯例影响范围广泛，为行业内所熟知，因此，具有法律约束力。（　　）

5. 按照《联合国国际货物销售合同公约》规定，口头合同无效。（　　）

6. 《联合国国际货物销售合同公约》一定不适用于两个非缔约国境内的企业之间签订的国际货物买卖合同。（　　）

7. 2010 通则实施之后，其之前的版本如 2000 通则就自动废止。（　　）

8. 卖方根本性违约，并不影响货物风险按照《联合国国际货物销售合同公约》规定转移给买方。（　　）

9. 按照《联合国国际货物销售合同公约》规定，卖方或买方宣告撤销合同后，就不能要求损害赔偿，仲裁条款亦告失效。（　　）

10. 国际货物买卖合同中的货物不仅指有形动产，也包括股票、债券、流通票据和其他权利财产，以及不动产和劳务等。（　　）

11. 按照《联合国国际货物销售合同公约》规定，卖方对其所出售的货物必须保证有充分的物权。（　　）

12. 关于卖方延迟交货，只有其构成严重违约时，买方才可以撤销合同。（　　）

13. 中国上海某公司同美国某公司签订一份来料加工合同，该合同未对法律适用做出规定，因此，《联合国国际货物销售合同公约》适用该合同。（　　）

14. 关于货物买卖合同中货物风险的转移，英国法采取“物主承担风险”原则。（　　）

15. 国际贸易术语用以确定买卖双方各自所应承担的责任、费用和风险，简化了贸易程序，有利于外贸业务的开展。（　　）

16. 在国际货物买卖合同中，与货物有关的单据包括提单、保险单、品质检验证书、商业发票等。（　　）

17. 按照《联合国国际货物销售合同公约》规定，卖方或买方宣告撤销合同后，就不能要求损害赔偿，仲裁条款亦告失效。（　　）

18. 货物风险转移给买方前发生灭失或损坏，买方支付货款的义务并不因此解除。（　　）

19. 经由拍卖的销售可以适用《联合国国际货物销售合同公约》。（　　）

20. 根本违约是指一方当事人违反合同的结果使另一方蒙受损害，实际上剥夺了他根据合同有权期待得到的东西。（　　）

四、案例分析

1. 营业地在 A 国（缔约国）的甲公司与营业地在 B 国（非缔约国）的乙公司就双方在 A 国签订的买卖合同发生争议，请求 A 国的仲裁机构仲裁，合同中未约定法律适用问题，A 国仲裁机构根据冲突规则认为，A 国与合同有最密切的联系，此时合同是否适用《联合国国际货物销售合同公约》?

2. 某年 3 月，营业地位于美国华盛顿的 A 公司与营业地位于阿根廷的 B 公司订立一项买卖合同。合同规定：A 公司于当年 12 月底前向 B 公司交付一批用于橱窗生产的机械设备，B 公司则于合同生效后 1 年内分批向 A 公司支付货款。之后因为货款支付问题，A 公司于美国联邦法院对 B 公司提起诉讼。由于合同未做明确规定，双方就该合同的法律适用问题产生分歧。问：

（1）该合同是否适用《联合国国际货物销售合同公约》？

（2）如果双方交易的产品是一架 AV-400 型客机，情况又怎样？

3. 某年 11 月，中国 A 公司按 CIF 条件向美国 B 公司出售一批圣诞装饰品，因节日临近，双方约定卖方保证于 11 月底前将符合合同规定的货物运抵目的港。这一规定与 Incoterms® 2010 中关于 CIF 为象征性交货术语的描述是违背的。请分析：卖方是应按照合同规定实际交货，还是按照 Incoterms® 2010 的规定象征性交货？

4. 中国香港某公司与内地某公司于 2017 年 10 月签订进口服装合同。11 月 2 日货物出运，11 月 4 日中国香港公司与瑞士公司签订合同，将该批货物转卖，此时，货物仍在运输途中。问：货物风险何时由中国香港公司转移到瑞士公司？

5. 中国某工艺厂（该厂有进出口权，以下称 A 厂）与美国某贸易公司（以下称 B 公司）长期进行交易。2019 年 3 月 10 日 A 厂以 CIF 条件向对方出口一批工艺品，总价值 30 万美元。3 月 15 日 B 公司提出降价至 27 万美元，A 厂经研究同意 B 公司要求，遂于 3 月 19 日发出电报通知 B。3 月 20 日 B 收到电报。随后，A 厂将货物运到宁波港交由某运输公司 C 承运。整批货物分别装入两个集装箱，并吊装上船。4 月 4 日承运船舶行至公海上时，由于船长疏忽，船上发生火灾，其中一个集装箱被烧毁，另一个完好无损。5 月初货物运至旧金山港，B 拒绝接收货物，并向 A 提出索赔，双方诉至中国某法院。问：

（1）双方的合同是否适用《联合国国际货物销售合同公约》来解决？为什么？

（2）根据有关法律规定，该合同在何时何地成立？为什么？

（3）该批货物的运输保险应哪方办理？保费由谁支付？为什么？

（4）货物在海上受到损失，B 能否要求 A 给予赔偿？为什么？

6. 上海 A 公司向中国香港 B 公司出口一批机床，出口合同中明确约定该批机床将被销往新加坡，A 公司经调查得知，该批机床在新加坡不会遇到任何专利侵权问题。后因情况发生变化，这批机床被 B 公司转售给了澳大利亚 C 公司，结果在澳大利亚被 D 公司以侵犯其专利权起诉。问：

（1）A 公司是否要以 D 公司的起诉，而对 B 公司或 C 公司承担责任？

（2）如果该批机床在中国香港被当地一家公司起诉，认为该机床侵犯了他的专利权，A 公司是否应对 B 公司承担责任？为什么？

7. 中国甲公司与美国乙公司订立一份国际货物买卖合同，甲公司出售一批木材给乙公司，合同约定：甲公司于 7 月将该批木材自吉林交铁路发运至大连，后由大连船运至美国纽约，乙公司支付相应对价。但到了 7 月，甲公司没有履行合同。8 月 3 日乙公司通知甲公司，该批木材最迟应在 8 月 20 日之前发运。8 月 10 日，甲公司依约将该批木材交铁路运至大连。但该批木材在自大连至纽约的运输途中因海难损失 80%。由于双方对货物灭失的风险约定不明遂发生争执。乙公司认为，甲公司未于 7 月份履行合同违约在先，应承担损害赔偿责任；合同因甲公司未按时履行义务已终止，故货物损失的风险理应由甲公司承担。问：

（1）乙公司是否有权要求甲公司承担损害赔偿责任？为什么？

（2）乙公司认为本案合同因甲公司违约已经终止的观点是否正确？为什么？

（3）本案中，货物损失的风险应由谁承担？为什么？

8. 甲公司与乙公司签订国际货物买卖合同。合同约定：甲公司于 7 月 10 日向乙公司交付优质铁矿砂 10 万吨，乙公司于 7 月 1 日预付货款的 50%，余款于交付货物后 10 日内付清。7 月 1 日，乙公司得悉，由于丙公司出价优惠，甲公司又与丙公司订立铁矿砂买卖合同，并已将确定给乙公司的 10 万吨铁矿砂中的 5 万吨运给了丙公司，并在继续发运。7 月 5 日，因甲公司的生产基地遭遇特大洪水，损失惨重，甲公司被迫宣告破产。为满足生产，乙公司以高于合同价格的市场价格购买铁矿砂。问：

（1）甲公司 7 月 1 日的行为在合同法上称为什么？

（2）7 月 1 日，乙公司可以采取的合理的补救措施是什么？

9. 中国 A 公司与美国 B 公司签订进口 1 000 吨小麦合同。事后 A 公司与中国其他两家公司分别签订转售 500 吨小麦合同。合同履行期内，B 公司因故明确表示无法履行合同。A 公司多次交涉未果，遂向 B 公司提出如下赔偿要求：①B 公司无法履行合同造成的利润损失；②支付给国内两家公司的违约金；③催促 B 公司履行合同等文电、办公费用；④其他因 B 公司违反合同造成的损失。问：根据《联合国国际货物销售合同公约》的规定，A 公司的要求是否合理？为什么？

模块五

代理法

项目一 代理法概述

项目概述

通过本项目的学习，理解代理的概念，掌握代理的特征。

基础知识

早期的贸易方式多为直接交易，买卖双方须亲力亲为。随着商品经济的发展，社会关系变得复杂多样，从事商事交易的主体既不可能也无必要事必躬亲，于是代理制度在国际商事交易中应运而生并得到了广泛应用。

代理制度是一项重要的法律制度，在法律上确定了代理人的地位。它克服了从事国际商事贸易的主体在知识、技能、经验、网络等方面的局限性，有效地降低了交易成本，增强了其活动能力和竞争能力。在国际商事交易中，许多交易都是通过代理人完成的。在西方国家，这些代理人已成立了专门的组织机构，离开了这些代理人，国际商事交易就无法进行，代理在当代国际经济生活中已起着越来越重要的作用。因此，我们应对代理制度有所了解，并在国际商事活动中灵活运用。

一、代理的概念及特征

由于两大法系对代理的理解不一，较难给代理一个统一的概念。根据1983 年《国际货物销售代理公约》和国际代理实践，我们可以给代理下一个一般的定义：代理是指代理人依照本人的授权，代表本人同第三人订立合同或实施其他法律行为，由此而产生的权利义务直接对本人发生效力的法律制度。

在代理法律关系中，至少有三方当事人，即本人、代理人和第三人。本人又称被代理人或委托人，代理人就是受本人委托替本人办事的人，第三人泛指代理人为完成代理任务而与之打交道的一切人。

根据资本主义国家的代理法律，代理具有以下法律特征：

（一）代理人必须在本人的授权范围内实施代理行为

代理人在本人的授权范围内实施代理行为，这样才能达到代理的目的。代理人在本人的授权范围内行事，他的行为就对本人具有约束力，本人既取得由此产生的权利，也必须承担由此产生的义务，而代理人一般不承担个人责任。例如：代理人根据本人的授权，代表本人与第三人签订合同后，代理人便可退出，该合同的权利义务则直接由本人承担，本人与第三人直接发生关系。如果发生有关纷争，则本人可以直接向第三人提起诉讼，第三人也可直接向本人提起诉讼。

英美法系除了明示的授权代理外，还包括默示的授权，即只要本人的行为使人认为某人是代理人，并与该代理人订立了合同，则这种合同也对本人具有约束力。

（二）代理人必须以本人的名义进行活动

这是为了使第三人在同代理人进行法律行为时，第三人知道其行为的对方当事人是谁，以保护代理关系中第三人的利益。关于代理人在代理活动中是否公开代理人身份或公开本人的情况，大陆法系与英美法系有不同的规定。

在大陆法系国家，强调代理的公开性，即代理人必须以被代理人的名义进行活动，这种代理在大陆法系中被称为直接代理。如《日本民法典》规定，代理人于其权限内明示为本人而进行的意思表示，直接对本人发生法律效力。《德国民法典》也有类似的规定。

英美法系中代理的范围比大陆法系广泛得多，强调代理权的客观性及其内部关系的独立性。如果代理人事实上有代理权，但在同第三人签订合同时，既不披露本人的姓名，也不表明自己是代理人，而是以自己的名义同第三人签订合同，这种情况下，本人和第三人之间仍可直接相互主张权利，即英美法系中的代理行为不是必须以本人名义而为，只要代理人事实上“有权”就行。

（三）代理人须自己独立为意思表示

代理是代理本人行使法律行为，而法律行为是以意思表示为要素。因此，代理人在行使法律行为时，必须向第三人做出意思表示。代理人要根据本人的授权和第三人提出的条件，独立决定，拿出自己的主张。例如：代理人代为本人签订合同时，代理人应对合同的标的、价格、交货地点和履行方式等一系列问题，与第三人进行磋商，全面权衡利弊，选择最有利于本人的条件确立合同关系。即代理人在代理活动中，并不是像机器人一样，按照本人的意思机械地办事，而要独立地进行思考，做出明确的意思表示。

（四）代理行为的法律后果由本人承担

代理是被代理人在代理权限内通过代理人的活动取得民事权利或履行民事义务的一种方式，因此，代理人在代理权限内所行使的一切行为，其法律后果全部由本人承担，这正是代理的目的所在。全部是指不仅包括代理人在代理活动中取得的权利和义务，而且包括由于代理人过错而造成的违法或不利于本人的后果。除在某些特殊代理的情况下，代理人一般不对第三人承担代理行为的法律后果。

二、关于代理的法律制度

代理的法律制度是指调整有关代理关系的法律规范的总称。各国都十分重视代理与代理人的法律地位问题，为了调整其法律关系，各国都通过立法手段确认代理制度，规范代理制度的规则，各国的代理制度大都体现在民法典、商法典，或专门法以及相关判例法之中。

国际商事代理法是调整国际商事代理法律关系的法律规范的总称，目前并没有各国统一认可的国际代理法公约。国际商会、私法协会等为建立统一的国际代理法公约不断努力，也取得了一些成果，目前，规范代理关系的立法主要包括国际公约、国际惯例以及各国的国内立法。

（一）有关代理的各国国内立法

1. 英美法系国家

英美法系关于代理的法律制度主要是判例法，此外，也颁布了有关代理法律关系的单行法规，如英国早在 1889 年就制定了《商代理人法》，1971 年又制定了《代理权利法》等；美国于 1953 年制定了《商法典修订法（商业代理法）》，1979 年的《标准公司法》也涉及代理方面的内容。

2. 大陆法系国家

早在 18 至 19 世纪，大陆法系国家就吸收了英美法系判例法的一些原则，形成了代理法律制度。关于代理关系的法律规范主要体现在民法典和商法典中，如 1804 年的《法国民法典》对委托代理做了规定，1900 年的《德国商法典》第一篇第七章对商业代理做了专章规定，也有一些国家制定了专门调整商事代理关系的单行法。

3. 中国

我国法律关于代理的规定主要体现在《民法典》“第一编 总则 第七章 代理”中。根据《民法典》第一百六十一条规定，“民事主体可以通过代理人实施民事法律行为”，同时第一百六十二条规定，“代理人在代理权限内，以被代理人名义实施的民事法律行为，对被代理人发生效力”。

我国《民法典》“第一编 总则”所称的代理包括委托代理和法定代理，相当于大陆法系中所规定的直接代理。对于间接代理的规定则在《民法典》“第三编 合同”中，其第二十三章“委托合同”规定了“受托人以自己的名义，在委托人的授权范围内与第三人订立的合同”的情况，第二十五章“行纪合同”中，指出“行纪合同是行纪人以自己的名义为委托人从事贸易活动，委托人支付报酬的合同”。

（二）有关代理的国际公约

有关代理的国际公约，有 1961 年的《代理统一法公约》《代理合同统一法公约》和 1983 年的《国际货物销售代理公约》。这三个公约都是由国际统一法协会制定的，目前尚未生效，但是因为其中归纳了很多国家的共性规定，所以受到国际商法学界的重视。

《代理统一法公约》和《代理合同统一法公约》建立在大陆法系将代理分为直接代理和间接代理的基础上，前者调整直接代理关系，后者调整间接代理关系。同时，《代理统一法公约》和《代理合同统一法公约》还采纳了英美法系的观点，比如关于"佣金代理人在不向被代理人做任何说明的情况下，自己能否与被代理人订立合同"的问题，公约采取了英美法系中的"否定说"观点，即否认代理人拥有此权利，以防止代理人利用特权牟利，损害被代理人的合法利益，这条规定与大陆法系的观点不同。

1981 年国际统一私法协会完成《国际货物销售代理公约》，并于 1983 年 2 月 15 日正式通过。虽然该公约由于签署国数量尚未达到其第 33 条的规定，因此尚未生效，但其仍然被认为是到目前为止最重要的关于代理的国际公约，该公约调和了两大法系的差异，是国际统一代理法的重大发展。

任务实施

任务 1　案例分析

任务描述

李某受单位委派到某国考察，王某听说后委托李某代买一种该国产的名贵药材。李某考察归来后将所买的价值 1 500 元的药材送至王某家中。但王某告诉李某，自己的病已经好了，药也就不要了，请李某自己处理。李某非常生气，认为王某应该出钱把药买下。问：

（1）李某跟王某之间是什么法律关系？

（2）王某是否应该把药买下？为什么？

任务分析

想要解决本案例，就要理解代理的概念，理解代理人在授权范围内实施的行为对本人具有约束力，代理人一般不承担个人责任。

任务完成

____

____

____

拓展知识

委托代理、行纪、中介

我国《民法典》改变了原《合同法》中关于居间合同的叫法，称其为中介合同。《民法典》对委托代理合同、行纪合同和中介合同均做了规定。通过比较，我们可以发现委托代理、行纪、居间存在明显的不同。

委托代理是指代理人接受被代理人的委托，在被代理人的授权范围内以其名义行事，由此产生的权利义务关系直接约束被代理人和第三人。代理人在代理权限内开展活动的费用由被代理人承担。代理业务的范围非常广泛，有民事代理和商事代理，代理权通过委托人授权或法律规定产生。

行纪是商事行为，指行纪人接受委托人的委托，以自己的名义与第三方进行交易，由此产生的权利义务关系不直接约束委托人。比如寄售商店以自己的名义进行活动，由此产生的权利义务归自己，并不直接归属于委托客户。除另有约定外，行纪人处理委托事务支出的费用，由行纪人自己负担。行纪人也可以自己作为买受人或者出卖人，这在代理中一般是不允许的。

中介合同是中介人向委托人报告订立合同的机会或者提供订立合同的媒介服务，委托人支付报酬的合同。中介人在订立合同过程中起着一种穿针引线的媒介作用，即一般所谓的经济“红娘”。中介人不需要向第三人独立为意思表示。中介人虽可提出某些建议，但这种建议只起参考作用，不能左右双方当事人的意志，对合同的成立与否不起决定作用。

项目二

代理权的产生和终止

项目概述

通过本项目的学习，掌握两大法系关于代理权产生的规定，以及代理关系终止的原因及其法律后果。

基础知识

一、代理权的产生

代理制度的核心问题在于代理权问题。代理权是代理人以被代理人的名义进行民商事活动的一种资格。对于代理权产生的原因，大陆法系、英美法系和《国际货物销售代理公约》各有不同的观点。

（一）大陆法系

1. 意定代理

意定代理是指由本人的意思表示而产生的代理权。法学理论上通常也称为委托代理权。

本人对代理人授予代理权的行为，称为授权行为。除特殊情况外，本人的这种意思表示可采取口头的方式，也可以采取书面的方式。在国际贸易实践中，意定代理人的代理权一般都是由本人与代理人签订代理合同而确立的，并不是基于本人的单方授权。

本人授权的意思表示可以向代理人表示，也可向同代理人打交道的第三人表示。《德国民法典》第 167 条就明确规定："代理权的授予应向代理人或向代理人对其为代理行为的第三人的意思表示为之。"

2. 法定代理

法定代理是指非本人的意思表示而以法律规定为根据所产生的代理权，具有这种代理权的人称为法定代理人。法定代理权的产生主要有以下几种情况：

（1）基于法律的规定而享有代理权。如各国通常规定父母是未成年子女的代理人。再如公司的董事长一般被认为是公司法人的第一位代理人。不过，按照德国法律，法人第一位代理人的权利是由法律规定的；而按照英国法律，法人第一代理人的权利是由法人的章程规定的。

（2）基于法院的选任而取得代理权。如法院指定的法人清算人。

（3）基于私人的选任而取得代理权。如亲属所选任的监护人及遗产管理人等。

（二）英美法系

1. 明示授权

明示授权是指本人以口头或书面明示的方式指定某人为他的代理人。明示授权是代理权产生的最基本的途径。

这种代理协议没有特定形式要求，即使代理人与第三人订立的合同必须符合法定的书面形式，代理人与本人之间的代理合同亦无特殊形式要求。但是如果本人要求代理人同第三人签订某种签字蜡封合同，则此时就必须采用签字蜡封的形式通过"授权委托书"授予代理权。比如在委托代理人购置不动产时，则必须采用签字蜡封的形式授予代理权。

2. 默示授权

默示授权是指本人的授权意图虽未通过书面或口头等明示方式表达出来，但其行为或言辞使另一人推断自己有代理权，也使第三人相信代理人有代理权。默示方式取得的代理权就像明示取得的代理权一样，对本人具有约束力。

比如甲经常要乙替其向丙销售皮鞋，丙向甲支付货款，但甲、乙之间没有签订代理合同。在这种情况下，乙便具有默示的代理权。如果日后甲不让乙以他的名义销售皮鞋，则甲除通知乙外，还应通知第三人丙，否则如果乙仍继续以甲的名义向丙销售皮鞋，甲仍须对丙负责。

又如甲与乙是夫妻关系，乙在外面用甲的信用卡买东西，则甲就应支付款项，除非甲告诉店主不要以信用卡的形式卖东西给乙。默示的授权在英美法系中又被称为“不可否认的代理”。

3. 客观需要的代理

客观需要的代理是指一个人受托照管另一个人的财产，为了保存这种财产而必须采取某种行动时产生的代理权。

在这种情况下，虽然受托管理财产的人并没有得到采取此种行动的明示授权，但由于客观情况的需要，得视为具有此种授权。例如：承运人在遇到紧急情况时，为了保存托运的货物有权采取超越其通常权限的必要措施；承运船舶的船长在航运中因船舶修理而需支付费用时，可依据客观需要将船舶设定抵押；出售易腐烂或有可能损毁的货物等。

但要取得此种代理权是相当困难的，英美法院一般不愿意不适当地承认这种代理权。如英国在 1921 年“斯普林格诉铁路公司案”中，原告从海外购买了一批西红柿委托被告运至伦敦。但在货运过程中，由于工人罢工而致货物即将腐烂，承运人遂自行决定将其就地出卖。法院判决：虽然被告是出于善意的，保护了原告的利益，但是被告出卖西红柿时有充分的时间和条件将情况告知原告而未联系原告，却私下处理他人货物，因此，被告应对原告的损失承担责任。

根据英美法判例，行使这种代理权应具备以下条件：(1) 行使代理权时必须是真实而明确地具有商业必需性质的紧急情况；(2) 代理人在行使这种代理权前，无法同本人取得联系以得到本人的指示；(3) 代理人所采取的行为必须是善意的，并且必须考虑到所有有关各方当事人的利益。

4. 追认的代理

如果代理人未经授权或超出了授权范围而以本人的名义同第三人订立合同，这个合同对本人是没有约束力的。但是如果本人在事后批准或承认了这个合同，这种行为即是追认。追认实际上是一种事后授权。一经追认，无权代理行为可产生与有权代理相同的法律效果。追认行为具有溯及力，即追认的效果溯及被追认行为开始时。

英美法判例对追认也不是没有限制的，它通常应具备以下条件：(1) 无权代理人在同第三人订立合同时，必须明示他是作为代理人而代订合同的；(2) 无权代理人在同第三人订立合同时，已经指明委托人的姓名或本人的姓名可以确定；(3) 追认该合同的本人在合同订立时必须具有法律上的合同能力。

（三）《国际货物销售代理公约》

《国际货物销售代理公约》规定代理权授予可以明示，也可以默示。在授予的形式上不受要式行为的限制，可以非书面形式或其他包括证人在内的任何方式作成或加以证实。公约对代理权的适用具有较大的机动性，规定在代理权确定之后，代理人有权采取一切必要行为以实现授权意图。根据《国际货物销售代理公约》规定，委托人或代理人营业地的缔约国在批准该公约时，可以对上述规定加以保留。

二、代理关系的终止

（一）代理关系终止的原因

依照各国法律的规定，代理关系可以通过两种方式终止：

1. 依据当事人的行为终止代理关系

代理关系可以依双方当事人的协议而告终止。有两种情况：（1）双方当事人在代理协议中规定了有效期，有效期届满，合同即告终止；（2）代理协议中未规定有效期限，双方当事人可以在任何时候通过协商来终止协议。

此外，代理关系还可能因为本人单方面撤回代理权而终止。根据各国法律，原则上允许本人在代理关系存续期间撤回代理权。但是由于它涉及对代理人权益的保护，各国对这种单方撤回代理权的行为有一定的限制。

2. 根据法律终止代理关系

根据各国法律规定，有下列法定情形之一时，代理关系依法终止。

（1）本人死亡、破产或丧失行为能力。有些国家规定该情形只适用于民法上代理权的终止，而商法上的代理权，不因本人的死亡或丧失行为能力而消灭。

（2）代理人死亡、破产或丧失行为能力。各国法律规定，该种情形下无论民法上或商法上的代理权均因之消灭。

（二）代理关系终止的法律效果

代理关系终止的效果，表现为两方面：

1. 当事人之间

通常，代理权关系终止后，代理人即终止代理权，如他仍从事代理活动则属于无权代理。但一些大陆法国家为了充分保护代理人的利益，在法律中做了一些强制性的规定，对代理人在代理期间为本人建立的商誉，有权请求本人给予一定的补偿。因为在代理关系终止后，这种商业信誉将为本人继续带来一定的好处。如《德国商法典》规定，在代理关系终止后，代理人可就本人因代理人以前介绍的客户而获得的重大利益或由于代理关系终止将失去的代理人本来可以得到的佣金要求本人给予补偿。但对于商业信誉的补偿请求，必须在代理合同终止后的 3 个月内提出。这是强制性的规定，当事人不得事先放弃此项请求权。法国、瑞士、意大利等国也有类似规定，但英美法系没有此规定。

2. 对第三人

根据各国法律，当终止代理关系时，必须通知第三人才能对第三人发生效力。否则，第三人由于不知情而与代理人订立了合同，则该合同对本人仍有约束力。但本人有权要求代理人赔偿损失。如《日本民法典》规定，对代理权的限制或撤销，不得用以对抗第三人。《瑞士债务法典》规定，撤销代理权之全部或一部分时，须通知第三人后，才能用以对抗第三人。在这个问题上，两大法系的处理办法基本相同。

任务实施

任务2　案例分析

任务描述

甲在2000年初至2010年6月期间就职于A公司外贸业务部，多次代表A公司与法国B公司洽谈业务、签订合同。2010年7月，甲从A公司辞职，并以A公司的名义与法国B公司签订服装出口合同，合同约定：进口商B公司先预付30%货款，A公司收到货款后3个月内发货，其余货款见提单传真件支付。收到预付款后，甲杳无音信。对此，A公司一概不知，11月初，A公司收到B公司来函催促发货，A公司方知其中原委。于是电告B公司要求取消合同，但是遭到拒绝。A公司于是干脆放任不管。B公司因无法及时提交货物被其他公司追究责任，于是B公司以违约为由将A公司诉至法院。问：A公司是否应承担违约责任？为什么？

任务分析

想要解决本案例，就要理解代理关系终止后对第三人产生的法律后果。根据各国法律，当终止代理关系时，必须通知第三人才能对第三人发生效力。

任务完成

____

____

____

拓展知识

无权代理

无权代理是指欠缺代理权的代理人的代理行为，主要包括未经授权的代理、超越授权范围的代理以及代理权终止后的代理。

根据各国法律的规定，无权代理人的行为，非经追认不对本人产生效力。我国《民法典》第一百七十一条规定："行为人没有代理权、超越代理权或者代理权终止后，仍然实施代理行为，未经被代理人追认的，对被代理人不发生效力。"无权代理人应对善意第三人因无权代理行为而遭受的损失负责。这里"善意"是指第三人不知道也不应当知道代理人欠缺代理权。如果第三人明知代理人无权代理仍与他为法律行为，则不具备"善意"前提，各国法律均不予保护。

表见代理是无权代理的一种特殊形式，是指行为人虽然没有代理权，但善意第三人客观上有充分理由相信其有代理权，而与之为法律行为，该法律行为的后果直接由本人承担。大陆法系国家如德国、日本都规定了表见代理制度。英美法系没有表见代理的概念，与之相似的是不容否认的代理。表见代理也为我国法律所确认，我国《民法典》第一百七十二条规定："行为人没有代理权、超越代理权或者代理权终止后，仍然实施代理行为，相对人有理由相信行为人有代理权的，代理行为有效。"

项目三

代理的法律关系

项目概述

通过本项目的学习，理解代理的内部法律关系和外部法律关系。

基础知识

一、代理的内部法律关系

本人与代理人之间属于代理的内部关系。本人与代理人之间的权利义务，通常都由双方签订的代理合同来确定。关于这一点，大陆法系国家的法律规定与英美法系国家判例形成的法律原则基本相同。归纳起来，代理人与本人的义务主要如下：

（一）代理人的义务

1. 应勤勉地履行其代理职责

代理人应按代理合同规定积极地推销商品，或寻找客户，或为其他对本人有利的事。如果代理人因过失造成损失，要向本人负赔偿责任。

2. 应对本人诚信、忠实

（1）公开客户资料。代理人应向本人公开他所掌握的有关客户的商情和资料，以供本人参考是否同该客户订立合同。

（2）不得自己代理或双方代理。自己代理是指代理人以本人的名义同代理人自己为法律行为。除事先经过本人同意以外，代理人不得自己代理。双方代理是指代理人就同一法律行为同时为本人和第三人的代理人，收取双方的佣金。因为合同是双方的法律行为，订立合同，必须有双方当事人参加，如果自己代理或双方代理，该合同就不是双方当事人订立的合同，不是双方当事人意思表示一致的产物，而是代理人个人意志的产物。这样的代理不仅违反了代理的本质，而且可能会损害本人的利益，是对代理权的滥用。当发生这些情形时，本人有权随时撤销代理合同或撤回代理权，并有权要求赔偿损失。

（3）代理人不得受贿或图谋私利，或与第三人恶意串通损害本人的利益。代理人违反该项义务，本人可行使以下权利：如果代理人接受了贿赂订立合同，本人有权向代理人索还，并有权不经事先通知而解除代理关系，或撤销该代理人同第三人订立的合同，或拒绝支付代理人在受贿交易上的佣金，本人还可对受贿人和行贿人起诉，要求赔偿由于受贿或行贿订立合同，而使他遭受的损失。根据英国 1906 年的反贪污法，对行贿的第三人或受贿的代理人，情节严重的，可追究刑事责任。

3. 应亲自完成代理行为

代理关系是基于人身信任而产生的，代理人的信用、知识和能力是他取得代理权的前提条件，也是实现本人利益的保证。因此，在一般情况下，代理人不得把他的委托权转让给他人。英国法律规定，除非法律或合同允许转委托，否则代理人就违反了对本人的义务。但在紧急情况下，为保护本人的利益而转委托或已征得本人的同意或贸易习惯允许转委托，则不受上述规定限制。

4. 在授权范围内行事

代理人履行职责必须与授权相一致。即代理人必须遵守明示授权范围的指令或在默示授权的情况下，代理人应在他经常或传统的授权范围内行事，否则，本人对其代理的行为不承担责任。

5. 不得泄露秘密

代理人在代理协议有效期或代理协议终止后，不得把在代理活动中获得的保密资料向第三人泄露，也不得由自己利用这些资料同本人进行不正当的竞争。但另一方面，在代理合同终止后，除经双方同意的合理的贸易限制外，本人也不得不适当地限制代理人使用这类资料。

6. 向本人申报账目

代理人有义务对一切代理交易保留完整的账目，并应根据代理合同的规定或在本人提出要求时如实申报账目。

（二）本人的义务

1. 支付报酬或佣金

本人必须根据代理合同的规定支付给代理人报酬，这是本人的一项主要义务。代理合同中双方应就佣金支付的条件、佣金支付率及支付的方法等做出明确规定。如果本人欠付代理人的佣金或其他费用时，代理人可以对他占有本人的货物行使留置权或以掌握属于本人的金钱抵销欠款。签订代理合同时应特别注意以下情况：

（1）本人直接同代理人代理地区的第三人订立合同，代理人可否取得佣金的问题。根据英美法系判例，如果该合同是代理人努力的结果，代理人就有权得到佣金；如果本人没有通过代理人的中介而直接同代理地区的第三人达成交易，则代理人无权取得佣金。但这一判例原则可以通过双方的协议或惯例而改变。例如：在独家代理协议中，代理人对来自其代理地区的订货单，不论是否经代理人之手，都可以获取佣金。有些大陆法系国家也规定，凡是在指定地区享有独家代理权的独家代理人，对于本人同指定地区的第三人所达成的一切交易，不论该代理人是否参与其事，该代理人都有权要求佣金。

（2）代理人所介绍的第三人再次向本人要求进行交易时，代理人是否有权要求给付佣金的问题。特别是代理合同终止后第三人与本人再次进行的交易是否应向代理人支付佣金，一些国家对此并未做出规定，它主要取决于代理合同约定的情况。根据英美法系判例，如果代理合同没有规定代理期限，只要本人在代理合同终止后接到第三人的交易，仍须向代理人支付佣金；如果代理合同规定了期限，则代理人在期限届满后，对再次交易就不能要求支付佣金。

（3）关于佣金及支付的办法，应由双方在合同中规定。通常，佣金率应视商品特点、市场情况、交易金额、竞争程度等因素来确定；支付的方式可以逐笔计算，也可以定期计算。如果合同没有规定，则应根据合同所适用的法律来确定。

2. 偿还代理人因履行特别义务而产生的费用

一般说来，除合同另有规定外，代理人因代理活动的正常业务支出，应由代理人自己承担，代理人不能向本人要求偿还其履行代理职责时所开支的费用。但是，代理人因执行本人的特别指示如对指定的客户进行诉讼而支出的费用或遭受的损失，有权要求本人偿还。

3. 向代理人提供有关业务资料和信息

本人应向代理人提供为开展代理业务所必需的一切资料和信息，如样品、模型、价目表、广告资料及交易条件等。

4. 允许代理人检查核对本人账目

有些大陆法系国家对此做出强制性的规定，代理人有权查对本人的账目以核对本人支付的佣金是否准确无误。

二、代理的外部法律关系

代理的外部法律关系是指本人、代理人与第三人的关系。一般说来，根据以上所述的代理原则，代理人受本人的委托与第三人签订合同后，代理人就退出该法律关系，代理人与第三人所签订的合同的权利义务由本人享有和承担，代理人不承担个人责任。这样，第三人实际上是同本人签订了合同。但是，在实践中，如果是大陆法系中的间接代理或英美法系中的未披露本人的代理，那么，第三人到底是与代理人还是与本人签订了合同？这涉及合同执行过程中，第三人到底应向谁履行合同的问题。大陆法系与英美法系对此有不同的规定。

（一）大陆法系的规定

大陆法系中的直接代理即代理人以本人的名义与第三人签订合同，该合同由本人承担。因此，在直接代理中，第三人是与本人签订了合同。

但是在间接代理中，代理人是以自己的身份与第三人签订合同，无论代理人事先是否得到本人的授权，这个合同的当事人被认为是代理人与第三人，该合同的权利义务由代理人享有和承担，本人原则上同第三人没有法律上的联系，本人不能仅凭该合同就直接对第三人主张权利。只有当代理人把合同中的权利转让给本人之后，本人才能对第三人主张权利。

由此可见，在间接代理的情况下，本人要经过两项合同才能取得或主张合同的权利。第一是间接代理人与第三人之间签订的合同；第二是间接代理人将有关的合同权利转让给本人的合同。如《德国商法典》规定，由行纪人交易行为所发生的债权，须移转于委托人（即本人）后，委托人才能向债务人主张权利。德国、日本等国还规定行纪人的业务仅限于从事动产和有价证券。

（二）英美法系的规定

英美法系中没有直接代理与间接代理之分，但将代理分为三种情形：

(1) 代理人具体指出本人姓名的代理，也称为显名代理。

(2) 代理人表明其代理人的身份，但未指明本人是谁，又称为隐名代理。如在信封或签名中写明“买方代理人”或“卖方代理人”。

(3) 代理人事实上有代理权，但在订约时未披露代理关系存在第一、二两种情况，类似于大陆法系中的直接代理，合同均认为是本人与第三人之间的合同，应由本人对合同承担责任，代理人不承担个人责任。

至于第三种情况，既不披露本人的存在，也不披露代理关系的存在，这在英美法系中被称为未被披露的本人，与大陆法系中的间接代理在形式上是相同的，但两者的法律后果却颇不相同。在这种情况下，原则上仍应由代理人对第三人承担责任，因为未被披露的本人的代理人实际上将自己置于本人的地位同第三人订立合同，第三人也根本不知道有本人的存在。但问题是如果本人或第三人认为直接向对方主张权利对自己更有利时，本人或第三人应该怎么办？具体来说有两种做法：①本人有“介入权”。即本人可以直接向第三人主张权利或向第三人起诉，如果他行使了介入权，他就使自己对第三人承担义务。②第三人有“选择权”。即第三人发现了本人之后，他可以要求本人或代理人承担合同义务，也可以向本人或代理人起诉。但第三人一旦选定了要求本人或代理人承担义务之后，他就不能改变主意对他们当中的另一个人起诉。从以上可以看出，英美法系中未被披露的本人的法律地位与大陆法系的间接代理的本人的法律地位是不同的。按照大陆法系的规定，间接代理关系中的本人不能直接在代理人与第三人订立的合同中对第三人主张权利，它必须经过两项合同才能取得或主张合同权利。而英美法系中未被披露的本人有介入权，可以直接对第三人主张权利。而第三人一经发现了未被披露的本人，也可以直接对本人起诉。这是英美法系同大陆法系的一个重要区别，也是英美代理制度的一个特点。

视频小课堂

我国外贸代理制度

任务实施

任务3 案例分析

任务描述

某画廊请画家张某为其作画，当时双方约定：张某在一年内为某画廊作6幅国画，纸张、笔墨等由画廊提供。画廊将预付款3 000元及纸张笔墨送交张某。临近年底，张某应邀出国，将印章、纸墨等留给其学生，要其代为作画6幅。学生按照张某要求赶作国画，并送至画廊。画廊经鉴定画非张某所作，双方遂发生争执。问：张某为画廊作画的行为可否由其学生代理？

任务分析

想要解决本案例，就要理解代理关系中，代理人对被代理人应尽的义务，代理人应勤勉地履行其代理职责，亲自完成代理行为，不得委托他人。

任务完成

拓展知识

特殊责任代理人

根据各国代理的一般原则，代理人代理本人与第三人订立合同以后，代理人就退出合同之外，所订立合同的法律后果全部由本人承担，代理人对合同不承担个人责任。人们普遍地认为，代理人与本人之间基于信任关系而进行代理。其实，在国际贸易中，本人与第三人往往分处异国，本人与第三人所订立的合同在许多情况下更多地基于对代理人的信任，有时甚至还更高于对本人的信赖。因此，各国根据法律、协议或惯例，承认某些代理人在一定条件下须对本人或对第三人承担个人责任。由于这种代理人不同于一般代理人，故称为承担特别责任的代理人。这些代理人与第三人往往建立了固定的贸易模式，同时还为几个不同的本人工作。承担特别责任的典型代理人有：信用担保代理人、保付代理人、保险代理人、证券经纪人、运输代理人、广告代理人等。

无论是对本人承担特别责任还是对第三人承担特别责任，承担特别责任的代理人除了本人与代理人签订一般的代理合同之外，还存在另一个合同，即担保合同，代理人根据担保合同对本人或第三人承担个人责任。承担特别责任的代理人既可由法律予以规定，也可由合同约定，还可依贸易惯例产生。这些为适应国际贸易发展新形势需要的新的代理概念丰富和发展了传统的代理理论，代理人承担双重责任的情况将对本人或第三人有更大的保障。

【学习测试】

一、单项选择题

1. 代理的权利性特征是（　　）。

A. 代理是一种事实行为

B. 代理是一种法律行为

C. 代理是基于本人或者被代理人的授权行为而发生的

D. 代理的法律后果最终归属本人

2. 依据大陆法系，由于本人的意思而产生的代理为（　　）。

A. 意定代理　　　　B. 法定代理

C. 指定代理　　　　D. 意定代理和指定代理

3. 依据英美法系，某人以他的言辞或行动使另一个人有权以他的名义签订合同，这种代理权产生的原因为（　　）。

A. 明示的指定　　　　B. 默示的授权

C. 客观必需的代理　　　　D. 追认

4. 依据大陆法系，代理人以自己的名义，为了本人的利益而与第三人订立合同，日后再将其权利、义务通过另外一个合同转移与本人的，称为（　　）。

A. 直接代理　　B. 间接代理　　C. 再代理　　D. 复代理

5. 依英美法系有关代理权产生原因的规定，承运人在遇到紧急情况时，有权采取超出他的通常权限的、为保护委托人财产的行动，这种代理叫（　　）。

A. 意定代理　　　　B. 追认的代理

C. 客观必需的代理　　　　D. 法定代理

6. 甲经常让乙以自己的名义向丙订购货物，并且甲依约向丙支付货款。在这种情况下，乙便被认为具有（　　）。

A. 明示的授权　　　　B. 默示的授权

C. 客观必需的代理权　　　　D. 追认的代理权

7. 公民甲为某保险公司合法保险代理人，甲在授权内的行为应承担责任的主体是（　　）。

A. 代理人甲　　　　B. 保险公司

C. 投保人　　　　D. 甲和保险公司

8. 根据大陆法系国家的法律规定，在有偿代理中，本人不应承担的义务是（　　）。

A. 支付佣金

B. 偿还代理人因正常业务支出而产生的费用

C. 偿还代理人因执行本人指示的任务而支出的费用

D. 允许代理人核查核对本人的账册

9. 在大陆法系中，委任表明了（　　）。

A. 本人与代理人的外部关系

B. 本人与代理人的内部关系

C. 本人与第三人的外部关系

D. 代理人与第三人的外部关系

10. 按英美法系规定，代理人同第三人订立合同时应默示担保他有代理权。如果代理人违反了该默示担保，则可以以其违反有代理权的默示担保对他提起诉讼的人是（　　）。

A. 本人　　B. 第三人

C. 本人和第三人　　D. 被代理人

二、多项选择题

1. 英美法系认为，代理权可以产生的原因有（　　）。

A. 明示的指定　　B. 默示的授权

C. 客观必需的代理　　D. 追认的代理

2. 一般来说，国际商事代理人的义务有（　　）。

A. 勤勉谨慎义务　　B. 亲自履行义务

C. 保密、报账义务　　D. 诚信忠诚义务

3. 在大陆法系中，根据第三人究竟是同本人还是同代理人签订合同，把代理分为（　　）。

A. 法定代理　　B. 意定代理　　C. 直接代理　　D. 间接代理

4. 国际商事代理关系中的当事人有（　　）。

A. 本人　　B. 中间人　　C. 第三人　　D. 代理

5. 在代理制度中，代理人的以下行为，哪些对被代理人没有拘束力？（　　）

A. 行为人在本人授权范围内的行为

B. 行为人不在本人授权范围内的行为

C. 行为人以被代理人名义实施的一切行为

D. 行为人代理权终止后实施的代理行为

6. 承担特别责任的代理人有（　　）。

A. 保付代理人　　B. 证券经纪人　　C. 运输代理人　　D. 无权代理人

7. 根据各国法律，在下列哪些情况下，代理关系即告终止？（　　）

A. 被代理人死亡破产或丧失行为能力

B. 代理人死亡破产或丧失行为能力

C. 法律的改变使代理成为非法

D. 主要标的物灭失

8. 在国际贸易中，许多业务都是通过各种代理人进行的，这些代理人包括（　　）。

A. 普通代理人　　　　B. 经纪人
C. 运输代理人　　　　D. 保险代理人

9. 决定本人与代理人之间的内部关系的合同包括（　　）。

A. 保险合同　　B. 委任合同　　C. 雇佣合同　　D. 合伙合同

10. 按各国代理法规定，本人对代理人的义务有（　　）。

A. 提供代理行为所需要的资金
B. 支付代理人的佣金
C. 让代理人检查核对其账册
D. 保守代理人的秘密

三、判断题

1. 表见代理属于广义上的无权代理的范畴。（　　）
2. 当一个未被授权的代理行为被追认以后，其效力比事前授权的代理行为要弱。（　　）
3. 代理人不得以被代理人的名义与自己订立合同。（　　）
4. 未被披露的本人行使介入权后，仍可以让代理人对第三人承担义务。（　　）
5. 当终止代理关系时，必须通知第三人，否则不对第三人发生效力。（　　）
6. 我国现行法律尚无明文规定的代理是间接代理。（　　）
7. 代理关系是一种信任关系。（　　）
8. 追认是不具有溯及力的。（　　）
9. 本人与代理人之间的内部关系，是代理关系中基本的法律关系。（　　）
10. 代理人和中介都必须独立向第三人做出意思表示。（　　）

四、案例分析

1. 德国A商人根据当地市场销售情况，建议德国B公司生产一种玩具，条件是由A商人作为销售该货物的独家代理人，B公司同意并签订合同。后来B公司与当地另一家公司直接签订订货合同，没有经过代理人，A商人向B公司索要佣金，B公司以合同没有通过代理人为由，拒不支付佣金。问：B公司是否应给A商人佣金？为什么？

2. 某年，我国某一外贸公司接受国内一家服装的委托，以外贸公司自己的名义同国外某家公司签订进口合同。但由于国外公司未能按时提供货源，使该服装厂空出的生产线遭受损失，该服装厂要求外贸公司按合同赔偿，外贸公司以货物是国外公司提供为由拒不赔偿。外贸公司应不应该赔偿损失？

3. 王某长期担任A公司业务主管，在A公司有很大的代理权限，在王某的努力下，A公司生意兴隆，新老客户遍及世界。由于种种原因，A公司解雇了王某。在遭解雇一个月后，王某继续以A公司的名义从老客户B公司处骗得货物，逃之夭夭。B公司要求A公司付款，A公司则以王某假冒公司名义为由拒绝付款。B公司坚持认为，在其与王某做生意期间，他并不知王某已被A公司解雇，并且也未收到关于A公司已解雇王某的任何通知，故B公司是不知情的善意第三人，A公司应对王某的行为负责，双方相持不下，对簿公堂。问：

（1）按照代理法原则，A公司是否要为王某的行为负责？

（2）王某是否也要承担责任？

4. 甲委托乙代其出售他在原籍的三间房屋。乙接受委托，将上述房屋出卖给丙。丙与乙商谈的房价低于市场房价，丙明知价廉，乙也有意让丙占便宜。丙向乙表示：事成后愿赠他10 000元。乙写信将出售房屋之事告诉了甲。由于甲不知当地售房的价格，又过于相信乙，即复信同意出售，并委托乙代理签订房屋买卖合同。合同签订后，乙将丙所付售房价款汇给甲。丙买得该房后，即将房屋拆除，准备翻建新房。房屋拆除后，甲从旁得知了丙与乙相互串通，故意压低房价，双方牟取非法利益的全部事实，便向人民法院提起诉讼，要求法院主持正义，制裁丙与乙的违法行为。他表示，房屋既已被拆除就算是卖了，但坚决要丙与乙赔偿他的损失。因丙将现金筹建了房屋，拿不出现款，乙较富裕，要求法院判令乙负责赔偿他的全部损失。问：

（1）乙代理甲出售房屋的行为是否有效？

（2）甲的损失应由谁赔偿？甲因丙拿不出现款，能否要求乙全部赔偿？

5. 甲是一个买方经纪人，代表不同的买主收购谷物。A饲料公司是甲的一个重要客户，每年均有4～5笔业务委托给甲。通常程序是A公司发出订单，规定数量和最低价，甲如果发现合适的货源便订购下来，有时以自己的名义，有时以A公司名义，然后通知A公司，A公司付款给甲，甲再向卖方付款。有一次甲发现一笔极好的生意，非常适合A公司，便决定订购下来，并在订单中注明代表A公司，然而A公司不同意要这批货。问：

（1）如果甲无力为这批货物付款，卖方可否要求A公司付款？

（2）什么条件下A公司不能拒绝向卖方付款？

6. 某年7月，远达贸易公司将盖有本单位公章的空白合同书交给韩某，委托他购买建材。该年8月10日，韩某用该空白合同书与佳丽服装厂签订了购买500套运动服的购销（买卖）合同，货款总额为26 500元，合同规定货到后15天内付款。韩某将签好的合同带回交给远达贸易公司经理，经理对此合同未置可否。该年8月25日，佳丽服装厂将500套运动服如数运至远达贸易公司，远达贸易公司经验收后陆续出售。因付款期限已过，未见远达贸易公司付款，佳丽服装厂电话通知远达贸易公司支付货款，而该公司以韩某超越代理权限与佳丽服装厂签订合同为由拒付货款。佳丽服装厂因此诉至法院，要求远达贸易公司付款并承担违约责任。问：

（1）本案的责任方是谁?

（2）本案应如何处理?

模块六

产品责任法

项目一

产品责任法概述

项目概述

通过本项目的学习，掌握产品责任法的概念及构成条件；理解产品缺陷的几种分类情况。

基础知识

产品责任法是根据民法上的两个法律援助——合同法的原则和侵权法中的侵权责任的原则二发展起来的，从平衡消费者和生产者的利益，逐步转向保护消费者和社会公共利益。随着经济的发展和技术的进步，对消费者的保护也越来越强。

一、产品责任

产品责任是指由于产品存在瑕疵而导致消费者、使用者或其他第三者蒙受人身伤害或财产损失时，该产品生产者或销售者应当承担的一种损害赔偿责任。

产品责任的构成必须具备三个条件：

1. 产品存在缺陷

缺陷是指产品不符合要求，具有不合理的危险性，不能给消费者提供有权期待的安全。缺陷必须在产品离开生产者、销售者控制以前，即投入流通前已经存在。至于什么叫产品的缺陷，或在什么情况下可以认定这种缺陷，各国的产品责任法理论和有关立法对此做了不尽相同的规定，如美国《侵权行为法重述（第二次）》中规定，缺陷是指商品具有不合理的危险。《斯特拉斯堡公约》也规定：考虑到包括产品说明在内的所有情况，如果一项产品没有向有权期待安全的人提供安全，则该产品为有“缺陷”。

视频小课堂

缺陷产品分类展示

拓展知识

缺陷的分类

一般的缺陷大致可以分为以下几种：

(1) 设计上的缺陷。指产品在生产或制造中产生的不安全因素。由于对产品的可靠性、安全性考虑不周，如没有设计安全保护装置。

（2）制造上的缺陷。指产品在生产或制造中产生的不安全因素。通常产生于产品的制作、装配、铸造过程中，具体表现为：生产者制作产品时粗制滥造的差错，产品生产中质量控制和检验手段的欠缺等。

（3）指示缺陷。指产品没有充分标识使消费者在使用过程中受到侵害而出现的缺陷。指示缺陷有两类：一是产品在存在危险性的情况下未做出有效的预先通知；二是产品的制作没有问题，但没有提出适当告诫以防止不适当的使用。

（4）发展缺陷。除了上述三种缺陷之外，还有一种缺陷被称为发展缺陷，它是指在产品投入流通使用时，以当时的科学技术水平尚无法发现后又被证实确实存在的缺陷，因此，发展缺陷又被称为科技上尚不能发现的缺陷。对于此类产品缺陷，生产者是否要承担责任，各国法律存在很大分歧，欧盟各国的立法倾向于生产经营者不对发展缺陷导致的损害承担责任。美国法倾向于生产者要承担责任。

2. 有人身伤害或财产损失的事实

追究生产者、销售者的产品责任，必须以消费者、使用者或第三人的人身伤害或财产损失为前提条件。在这里，蒙受人身伤害或财产损失的可以是狭义上的消费者，即从销售者或生产者那里购买并亲自使用有关产品的人，也可以是广义上的消费者，即包括直接购买人和基于其他任何原因而亲自使用有关产品的其他人，以及直接蒙受损害的其他任何第三者。

3. 消费者、使用者或第三人的损害事实与产品中的缺陷之间存在因果关系

即受害者蒙受的损失完全是由于产品存在缺陷所致。如果损失是消费者、使用者或第三人本身的过错或其他任何人过错造成的，而与产品缺陷无关，就不存在产品责任问题。例如：使用者违反操作规程非正常使用产品而造成的损害，就不能要求生产者、销售者承担产品责任。

二、产品责任法的特征

（1）产品责任法属于社会经济立法。它的各项规定或原则大都是强制性的，除法律另有规定外，产品责任当事人不得约定加以限制和排除，属于“公法”的范畴。而合同法、买卖法则不同，它们的规定大多是任意性的，当事人可以在合同中对其权利义务加以排除或更改，属于“私法”的范畴。

（2）产品责任法调整的对象是因产品缺陷而引起人身或财产损害所发生的社会关系。这种损害是指因产品存在缺陷而使消费者、使用者或第三人所蒙受的人身伤害或财产损失，而不包括缺陷产品本身的损失，缺陷产品本身的损失属于合同责任。

（3）产品责任法不仅调整有合同关系的当事人之间的产品责任关系，而且调整没有合同关系的当事人之间的产品责任关系。

任务实施

任务1　资料收集

任务描述

收集各种产品缺陷的图片，分析归纳是哪一种类型，查阅资料，并找出相关的典型案例。

任务分析

通过典型案例来了解和掌握产品缺陷的分类。

任务完成

____

____

____

项目二

美国产品责任法

视频小课堂

美国产品责任归责原则

项目概述

通过本项目的学习，掌握美国产品责任法中产品责任的诉讼依据，被告可以抗辩的理由以及赔偿范围。

基础知识

美国的科学技术和工业生产发展快，与世界各国经济联系最多，对产品质量的要求很高，所以美国的产品责任法是世界上发展最早、内容最完备、最具有代表性的产品责任法，在发达国家中起着示范导向作用。美国的产品责任法目前主要是州法，它是一种以严格责任为主要归责原则的特殊的侵权行为法。

一、原告可以起诉的理由

原告由于使用有缺陷的产品遭受损害而向法院要求赔偿损失时，必须援引产品责任法的相关法学理论，作为要求该产品的生产者和销售者承担责任的依据。美国的产品责任法在发展过程中，主要存在以下几种理论：

（一）疏忽责任原则

按照疏忽责任原则，原告必须证明：该产品的销售者或制造者主观上有过失，他们没有按照在该行业内正常的销售者或制造者在同样的情况下，应该引起的警觉。如果产品的销售者或制造者在主观上未尽到合理的注意义务，就被认为有过失；或者该产品所造成的损失是由销售者或制造者的过失行为所引起的。

（二）违反担保原则

按照这一标准，原告必须证明：

（1）销售者对其销售产品的质量有一定程度的保证；

（2）原告根据销售者对其质量的保证而购买了其产品；

（3）该产品没有符合或者没有达到销售者所保证的质量；

（4）原告或购买者因此造成了损失。

保证质量的条款又可以分为明示的和默示的两种，明示的保证质量条款一般是有该销售者书面的协议或产品的书面介绍等，默示的保证质量条款是由销售者的行为给购买者造成了一种保证，如销售者在介绍或出售某种产品时，保证该项产品符合正常用途，但实际上该项产品并没有达到其所保证的质量。为了避免这些默示的保证，一般销售者都使用明确的语言在销售前否认这种潜在的保证质量条款。在以此种条款为由起诉时，采用举证责任转换原则，原告无须证明被告有疏忽，只需证明产品的确有缺陷和有损害事实在，就可以要求被告赔偿。根据美国判例，广告也有可能构成卖方的明示保证。如广告与事实不符，因产品的缺陷蒙受损失，原告亦可以据此原则要求被告赔偿。

（三）严格责任原则

按照这种原则，原告只要证明某项产品有瑕疵并且引起了损害，就可向法院起诉追究销售者或制造者的责任。原告无须证明被告主观上的过错。按照这种原则，尽管销售者和制造者已经对于加强产品质量做了努力，他们仍有责任对他们出售的产品所造成的损失承担法律责任。在适用严格责任原则的场合下，从产品制造一直到最后零售，每一环节上的销售者、批发者、零售业者和制造者，都有可能为其经营的产品承担责任。产品生产者负有严格责任的主张，最早起源于 1913 年的 MAZETI 起诉 ARMOUR 公司一案，华盛顿的最高法院以产品生产人对其生产的食品，应负以类似“严格责任”的责任。1936 年“严格责任”在加州最高法院审理格林曼起诉尤巴电器公司一案中，原告格林曼在使用作为礼物的被告生产的电钻时，因零件从机器中跳出来击中原告头部，造成原告损害。原告以违反质量担保为由起诉，但法院认为此案中的原、被告双方没有合同关系，不属于违反担保责任而属于侵权法上的严格责任。美国 1965 年《侵权行为法重述》中第 402A 和 402B 条中确认了这一来自判例法的原则。

二、被告可以抗辩的理由

在产品责任诉讼中，被告可以提出抗辩，要求减轻或免除其责任。依据原告起诉的诉因之不同，被告可以提出以下不同的抗辩。

（一）担保的排除或限制

在产品责任诉讼中，如果原告以被告“违反担保”为理由对其起诉，被告如按《美国统一商法典》的有关允许排除其对货物的明示担保或默示担保（如商销性的担保和适合特定用途的担保）的规定，在合同中排除了各种明示或默示担保，他就可以提出担保已经排除作为抗辩。但按照美国 1974 年《麦格拉森·莫斯担保法案》（Magnuson-moss Warranty Act）的规定，为保护消费者的利益，在消费交易中，卖方如有书面担保就不得排除各种默示担保。此外，这项抗辩仅能对抗以“违反担保”为理由的起诉，而不能用来对抗以“疏忽”为理由的起诉。因为后者属于侵权之诉，不受合同中关于排除明示或默示担保义务的制约。

（二）承担疏忽与相对疏忽

承担疏忽是指原告（受害者）在使用被告所提供的有缺陷的产品时也有疏忽之处。由于双方面的疏忽而使原告受到伤害。按照普通法早期的原则，承担疏忽在侵权之诉中是一个充足的抗辩理由，故在以疏忽为依据提起的产品责任诉讼中，“如一旦确认原告有承担疏忽，原告就不能向被告要求任何损害赔偿”。但近年来，美国许多州已通过立法或判例放弃了承担疏忽原则而利用相对疏忽原则。

相对疏忽是指尽管原告有一定的疏忽，但法院只是按原告的疏忽在引起损害中占的比重，相应减少其索赔的金额，而不是像承担疏忽那样，原告不能向被告请求任何损害赔偿。目前美国许多州都把相对疏忽原则适用于严格责任之诉的抗辩。

以承担疏忽和相对疏忽抗辩应注意的问题有：被告无论是以承担疏忽还是相对疏忽抗辩，都属于侵权法范畴。只有在侵权之诉中才能提出这一抗辩。在合同之诉中的违反担保之诉，则不能提出这种抗辩。

（三）自担风险

自担风险是指原告已知产品有缺陷或带有危险性，尽管如此，原告也仍愿将自己置于这种危险或风险境地，由于原告甘冒风险而使自己受到了损害。按照美国法的规定，无论原告以违反担保还是以疏忽责任或严格责任为由起诉，被告均可以自担风险作为抗辩。根据美国《侵权行为法重述》第402条的注释，如使用者、消费者已发现产品有缺陷，并知道有危险，但他仍不合理地使用该产品，并因而使自己受到损害，则他不能要求被告赔偿损失。

目前，采取相对疏忽原则的各州已不再将自担风险作为完全阻止原告索取任何赔偿的抗辩，而只把原告疏忽作为减少索赔金额的依据。

（四）非正常使用产品或误用、滥用产品

在产品责任诉讼中，如原告由于非正常使用产品或误用、滥用产品，使自己受到损害，被告可以此理由抗辩要求免除责任。但被告提出此抗辩时，法院则对此加以某种限制，一般要求被告证明对产品的误用或滥用已超出合理的范围，如这种误用、滥用是在被告合理预见范围之内，被告就必须采取措施予以防范，否则不能免责。

（五）擅自改动产品

如原告对产品或其中部分零部件擅自加以变动或改装，从而改变了该产品的状态或条件，因而使自己遭受损害，被告可以原告擅自改变产品的状态或条件为理由提出抗辩，并要求免责。

（六）带有不可避免的不安全因素的产品

如某种产品即使正常使用也难以完全保证安全，而且权衡利弊，该产品对社会公众是有益的，是利大于弊，则制造或销售这种产品的被告可以要求免除责任，其中以药物最为典型。因药物不可避免含有对人体有害的副作用，但它又能治疗某种疾病，在这种情况下，制造和销售这种产品的卖方若能证明，该产品是适当加工和销售的，且他已提醒使用者注意该产品的危险性，他就可以要求免责，即使在严格责任之诉中，也可提出这项抗辩。

三、产品责任诉讼中原告可以请求损害损偿的范围

（一）对人身伤害的损害赔偿

产品责任中的人身伤害一般是指产品具有缺陷而对他人生命、身体和健康所造成的损害。对人身伤害的损害赔偿包括精神的痛苦和苦恼、收入的减少和挣钱能力的减弱、合理的医疗费用和身体残废等。通常，肉体和精神上的痛苦在全部赔偿中占很大的比重。

（二）财产损失的赔偿

财产损失是指缺陷产品造成的缺陷产品之外的其他财产损失。其赔偿包括替换受损坏的财产、修复受损坏的财产所支出的合理费用。

（三）商业上的损失

商业上的损失通常是指有缺陷的产品的价值和完好、合格的产品的价值（或合同价金）之间的差价。一般除包括产品毁灭之外，还包括产品本身的价值的减少、不能使用、必须修缮或丧失营业利益等。美国各州对产品自身的损害是否可以得到赔偿态度不一，需按具体案情具体分析。

（四）惩罚性的损害赔偿

如产品责任之诉中的有过错的被告全然置公共政策于不顾，受损害的原告可要求法院给予惩罚性的赔偿。这种赔偿金额一般很高，其目的是对有过错一方恶意的、不负责任的行为施加惩罚，以遏制其他人重犯类似的过错。是否判惩罚性损害赔偿，以及赔偿金额大小，由陪审团根据案情事实酌定。

任务实施

任务 2　案例分析

任务描述

美国加利福尼亚州某当事人 A 从美国纽约州 B 商店购买了由外国 C 公司生产的一辆“飞牌”自行车，并随后改装了自行车的踏脚，在一次骑车旅行时因自行车踏脚板打滑而遭受伤害，并因此向加利福尼亚州商务联邦地区法院提起产品责任之诉。问：

1. 根据美国产品责任法的有关规定，法院在选择用美国哪个州的法律时，应遵循什么原则？

2. 谁可以成为此诉讼案的被告。

3. 原告 A 能否打赢这场诉讼？为什么？

任务分析

运用到美国的“长臂管辖”及产品责任的相关规定。

任务完成

____

____

____

拓展知识

产品责任法对美国对外贸易的影响

美国的产品责任法虽然是国内法，但它在某些情况下也可适用于涉及产品责任的对外贸易争议案件。当外国的产品输入美国时，如果由于产品的缺陷，使美国的消费者或用户遭到人身伤害或财产损失时，美国的消费者和用户可以根据产品责任法对美国的进口商、经销商和零售商起诉要求赔偿损失。在美国法院认为有管辖权的情况下，蒙受损害的美国消费者或用户还可以对外国的出口商和该产品的制造商在美国法院提起诉讼，要求他们承担赔偿责任。另一方面，当美国的产品出口到外国时，如果由于产品的缺陷，使外国的消费者或用户遭到人身伤害或财产损失，外国消费者或用户也可以援引产品责任法要求美国的出口商和生产者赔偿损失。

项目三

关于产品责任的国际立法

项目概述

通过本项目的学习，了解有关产品责任的区域或者全球性国际条约的相关规定。

基础知识

随着科学技术的发展和生产力的发达，产品责任的问题日益在世界各国凸显出来，产品责任的国际调整也日益为世界各国所重视。有关产品责任的区域或全球性国际条约主要有：《关于人身伤亡产品责任欧洲公约》（《斯特拉斯堡公约》）；《关于对有缺陷的产品的责任指令》（《欧共体产品责任指令》）；以及《关于产品责任的法律适用公约》（《海牙公约》）。

一、《关于人身伤亡产品责任欧洲公约》

《关于人身伤亡产品责任欧洲公约》，是由欧洲理事会花了 3 年时间修订出来的。1977 年 1 月 27 日，该公约缔结于法国的斯特拉斯堡，并供开放签字，奥地利、比利时、法国和卢森堡等国家签署了该公约。

该公约由正文与附件组成，其中正文共有 17 条。其主要内容是：

（1）公约抛弃了传统的过失责任原则，采取严格责任原则。凡是产品缺陷造成的损害，生产者应当负责。

（2）对产品及其“瑕疵”做出了规定。产品是指所有动产，包括天然动产或工业动产，无论是未加工的还是加工过的，即使是组装在另外的动产内或不动产内。产品缺陷是指考虑包括产品说明在内的所有情况，如果一件产品没有向有权期待安全的人提供安全，该产品就有缺陷。

（3）公约对生产商做出了明确的规定。生产者包括：制造者、产品进口商，或将他的名字、商标等标示在商品上的人，在产品没有标明任何生产者的身份时，则每个供应商都应视为公约所指的生产者。

（4）免责事由。它主要包括：生产者未将产品投入市场；投入流通时，缺陷尚不存在；受害人本身的过失等。

（5）关于赔偿限额。对每一死者或遭受人身损害的人的赔偿限额不得少于相当于 7 万特别提款权的国内货币，同类产品的相同缺陷造成的全部赔偿额不得少于相当于 1 000 万特别提款权的国内货币。

（6）公约对因产品责任事件而发生的诉讼规定了两个时效。一个是受损害的当事人提起诉讼的时效是 3 年，从受害人发现或应当发现损害之日起算；另一个是生产产品所造成的损害承担责任的时效是 10 年，从产品投放市场时起算。

（7）公约对“产品”与“责任主体”规定的范围比较小，各国可以对农产品的准生产者责任提出保留。

二、《关于对有缺陷的产品的责任指令》

为了协调欧洲经济共同体各成员国有关产品责任的法律，欧洲经济共同体理事会于 1985 年 7 月 25 日通过了一项《关于对有缺陷的产品的责任指令》(以下简称《指令》，要求各成员国在 1988 年 8 月 1 日以前采取相应的国内立法予以实施，但允许各成员国有某些取舍的余地。《指令》的主要内容：

（一）采取无过失责任原则

《指令》明确规定，在产品责任诉讼中，受害的消费者只需证明他受到损害和产品有缺陷的事实，以及二者之间存在因果关系，即可以使该产品的生产者承担责任，而无须证明生产者有过失。这就是无过失责任的原则。

（二）关于生产者的定义

根据《指令》第一条的规定，生产者应对有缺陷的产品所引起的损害承担责任。《指令》对生产者所下的定义是较为广泛的，它包括：制成品的制造者；任何原材料的生产者；零部件的制造者；任何将其名称、商标或其他识别标志置于产品之上的人；任何进口某种产品在共同体内销售、出租、租赁或在共同体内以任何形式经销该产品的人。如果不能确认谁是生产者，则提供该产品的供应者即被视为生产者，除非受损害的消费者在合理时间内获得查出谁是生产者的通知。

（三）关于产品的定义

按照《指令》的规定，“产品”是指可以移动的物品，但不包括初级农产品和戏博用品。不过，各成员国可以通过国内立法，将上述两种产品包括在“产品”的定义范围之内。至于经过工业加工的农产品则包括在“产品”的范围内。对于核产品，如果出现核意外事故，则只要该事故已为各成员国批准的国际条约所包括，亦被排除在“产品”的定义范围。

（四）关于缺陷的定义

《指令》对缺陷的定义采用客观标准。按照这种标准，如果产品不能提供一般消费者有权期望得到的安全，该产品就被认为是有缺陷的产品。在确定产品是否有缺陷时，要考虑到各种情况，其中包括：产品的状况、对产品的合理预期的使用和把产品投入流通的时间。不能因为后来有更好的产品投入市场，就认为先前的产品有缺陷。

（五）关于损害赔偿

按照《指令》的规定，可以请求损害赔偿的范围，主要包括人身伤害和死亡。对有缺陷的产品自身的损失，一般不予考虑。特别值得指出的是，《指令》对“痛苦”的补偿有所保留，它认为这是属于非物质性的损害赔偿，应按有关国家的国内法来处理。这一点与美国产品责任法有所不同。

三、《关于产品责任的法律适用公约》

为了统一各国关于产品责任的法律冲突规则，海牙国际私法会议于 1973 年 10 月 2 日通过了一项《关于产品责任的法律适用公约》（《海牙公约》）（以下简称《公约》）。该公约已于 1978 年 10 月 1 日生效。公约共有 22 条，其主要内容包括：

（一）《公约》对产品、损害及责任主体的规定

《公约》规定“产品”一词包括天然产品和工业产品，无论是未加工的还是经过加工的，也无论是动产还是不动产。这里对“产品”所下的定义，比欧共体《关于对有缺陷产品的责任指令》所下的产品定义更为广泛。

《公约》对“损害”也做了广义的解释，按照《公约》的规定，“损害”是指对人身的伤害或对财产的损害以及经济损失；但是，除非与其他损害有关，产品本身的损害以及由此而引起的经济损失不应包括在内。

《公约》规定，产品责任的“主体”应当包括：①成品或部件的制造商；②天然产品的生产者；③产品的供应者；④在产品准备或销售等整个商业环节中的有关人员，包括修理人和仓库管理员。上述人员的代理人或雇员的责任亦适用该《公约》。

(二)《公约》对产品责任的法律适用规则的规定

《公约》第 4 条至第 6 条，根据当事人和有关国家之间的联系点或接触点，分别就具体情况确定了三项法律适用规则，即：适用于侵害地国家的法律；适用于直接受害人的惯常居所地国家的法律；适用于被请求承担责任人的主营业地国家的法律。

1. 适用于侵害地国家的法律

《公约》第 4 条规定，如果侵害地国家同时又是直接受害人的惯常居所地或是被请求承担责任人的主营业地或者直接受害人取得产品的地点，则应适用侵害地国家的国内法。

2. 适用于直接受害人的惯常居所地国家的法律

《公约》第 5 条规定，尽管有上述第 4 条的规定，但是，如果直接受害人的惯常居所地国家同时又是被请求承担责任的人的主营业地或者直接受害人取得产品的地方，则仍应适用直接受害人的惯常居所地国家的国内法。

3. 适用被请求承担责任人的主营业地的国家法律

《公约》第 6 条规定，如果上述第 4 条和第 5 条指定适用的法律都不适用，则除非原告基于侵害地国家的国内法提出其请求，应适用被请求承担责任人的主营业地国家的国内法。

任务实施

任务 3 案例分析

任务描述

H 国的公民张某听说日本的食品很贵，便在被派去日本出差前在国内购买了很多本国生产的方便面。由于该方便面存在质量问题，张某在日本食用时中毒，为此花去了数万日元的治疗费。

问：张某应根据哪国法律，要求方便面的生产者对其损失承担责任？

任务分析

想要解决本案例，就要理解《关于产品责任的法律适用公约》(《海牙公约》) 对产品责任的法律适用规则的规定。

任务完成

____

____

____

拓展知识

对产品责任的抗辩

依照《关于对有缺陷的产品的责任指令》的规定，在产品责任诉讼中，被告可以提出以下三种抗辩：

(1) 罪责。如果生产者能证明他没有罪责，他就可以不承担责任；

(2) 时效。①受损害者的权利自生产者将引起损害的产品投入市场之日起十年届满即告消灭，除非受害者已在此期间对生产者起诉；②《指令》要求各成员国必须在其立法中规定提起损害赔偿诉讼的时效，该诉讼时效为三年，从原告知道或理应知道受到损害、产品有缺陷及谁是生产者之日开始计算。《指令》对时效的中止和中断没有做出规定，因此有关时效中止和中断的问题，应按适用的国内法来处理。

(3) 赔偿的最高额。生产者的责任原则上应当是没有限制的。但《指令》允许成员国在立法中规定，生产者对由于同一产品、同一缺陷所引起的人身伤害或死亡的总赔偿责任不得少于7 000万欧洲货币单位。

此外，《指令》还规定，生产者不得以合同或其他办法来限制或排除其对产品的责任。这表明产品责任是属于强制性的法律规定，不能由当事人以合同任意予以排除或限制。

项目四

我国产品质量法

项目概述

通过本项目的学习，了解我国产品责任法的发展历史和主要内容。我国的产品责任法主要有《民法典》《产品质量法》《消费者权益保护法》等。

基础知识

一、我国产品责任的归责原则

《产品质量法》对于产品生产者和产品销售者采用不同的归责原则。

生产者的责任，规定在《产品质量法》第四十一条："因产品存在缺陷造成人身、缺陷产品以外的其他财产（以下简称他人财产）损害的，生产者应当承担赔偿责任。”按照这一规定，因产品存在缺陷，造成人身财产损害的，应由该产品的生产者承担赔偿责任。此生产者的赔偿责任，不以生产者具有过错（故意或过失）为责任成立要件，因此属于严格责任。

销售者的责任，规定在《产品质量法》第四十二条：“由于销售者的过错使产品存在缺陷，造成人身、他人财产损害的，销售者应当承担赔偿责任。”条文明示，销售者的过错使产品存在缺陷的情形，销售者应当承担赔偿责任。此销售者的责任，以销售者具有过错为责任成立要件，因此属于过错责任。

二、产品责任的免责事由

现代产品责任法虽然属于严格责任，但并非绝对责任，生产者仍有获得免责的可能性。我国《产品质量法》中规定了三项免责事由，即第四十一条：“生产者能够证明有下列情形之一的，不承担赔偿责任：（一）未将产品投入流通的；（二）产品投入流通时，引起损害的缺陷尚不存在的；（三）将产品投入流通时的科学技术水平尚不能发现缺陷的存在的。”

三、缺陷定义

《产品质量法》第四十六条规定：“本法所称缺陷，是指产品存在危及人身、他人财产安全的不合理的危险；产品有保障人体健康和人身、财产安全的国家标准、行业标准的，是指不符合该标准。”此系规定双重标准：

其一，规定“缺陷”是指“不合理的危险”，系采纳美国《侵权行为法重述（第二次）》402A 条的“不合理危险”标准。

其二，规定“缺陷”是指“不符合法定安全标准”。其立法思想是，关于产品的安全性既然有强制性的国家标准、行业标准，生产者即负有遵循该标准的法定义务，凡不符合该标准即应认定为有缺陷。这在操作上也颇为方便。法律未对产品缺陷做分类，而学者参考美国严格产品责任理论将缺陷分为：设计缺陷、制造缺陷、警告缺陷和开发缺陷。与美国形成对照，中国产品责任案件中，大部分缺陷产品属于制造缺陷，这在一定程度上是我国目前经济发展水平的反映。

四、连带责任的规定

为保护消费者利益，并规定受害人可以选择对生产者起诉或者对销售者起诉，《产品质量法》第四十三条规定：“因产品存在缺陷造成人身、他人财产损害的，受害人可以向产品的生产者要求赔偿，也可以向产品的销售者要求赔偿。属于产品的生产者的责任，产品的销售者赔偿的，产品的销售者有权向产品的生产者追偿。属于产品的销售者的责任，产品的生产者赔偿的，产品的生产者有权向产品的销售者追偿。”

五、赔偿范围

包括人身伤害的赔偿、财产损害的赔偿、缺陷产品本身的损害以及精神损害赔偿。

任务实施

任务 4　案例分析

任务描述

某企业为了表示慰问，过年前将自产经检验合格但未投入流通的一批洗衣机作为福利分给职工。职工甲拿到厂里分的洗衣机后非常高兴，将洗衣机拉回家。恰逢妻子乙在，便让其帮忙用该洗衣机把家里的沙发罩等洗一下。结果，因洗衣机漏电，乙被当场电死，于是，甲向人民法院提起诉讼。

问：甲的诉讼理由能否成立？为什么？本案应如何处理？

任务分析

掌握我国《产品质量法》第四十一条规定。

任务完成

____

____

____

拓展知识

《产品质量法》 的制定

1993 年 2 月 22 日第七届全国人民代表大会常务委员会第三十次会议通过《中华人民共和国产品质量法》(以下简称《产品质量法》)。参考学者结合美国严格责任和 EC 指令的经验对《民法总则》第一百二十二条进行研究的成果，专设损害赔偿一章 (第四章)，用了 6 个条文对严格产品责任做了比较详细、具体的规定。为各级人民法院裁判缺陷产品致损的侵权责任案件，提供了具体的裁判基准。这标志着中国的产品责任法迎头赶上了最新的立法潮流，达到了当时美国和欧共体国家的水准。

【学习测试】

一、单项选择题

1. 美国的产品责任法主要是（　　）。

A. 州法　　B. 联邦统一的宪法

C.《统一产品责任法（草案）》　　D. 国际公约

2. 根据中国法律规定，生产者的责任采用（　　）。

A. 过错责任原则　　B. 严格责任原则

C. 过失责任原则　　D. 连带责任

3. 下列国家中，将初级产品纳入产品责任法的范围的是（　　）。

A. 英国　　B. 希腊　　C. 意大利　　D. 法国

4. 依英国法律规定，对产品责任采取的归责原则是（　　）。

A. 过失责任原则　　B. 无过失责任原则

C. 公平责任原则　　D. 过错推定责任原则

5. 下列各项学说中，不属于美国产品责任法的法学理论依据的是（　　）。

A. 疏忽说　　B. 违反担保说　　C. 违反条件说　　D. 严格责任说

6. 欧洲经济共同体《关于对有缺陷的产品的责任指令》对产品缺陷的定义采用的标准是（　　）。

A. 主观标准　　B. 客观标准

C. 主观为主、客观为辅的标准　　D. 客观为主、主观为辅的标准

二、多项选择题

1. 在美国产品责任诉讼中，当原告以疏忽为理由向法院起诉，要求被告赔偿其损失时，原告必须提出的证据、证明有（　　）。

A. 由于被告的疏忽直接造成了原告的损失

B. 由于原告自己的疏忽造成了损失

C. 原告可以证明产品的设计有缺点

D. 被告没有做到合理的注意

2. 根据美国产品责任法规定，产品的缺陷包括（　　）。

A. 设计缺陷　　B. 生产缺陷　　C. 运输缺陷　　D. 说明缺陷

E. 包装缺陷

3. 下列关于美国产品责任的诉讼依据的说法中，正确的有（　　）。

A. 以被告存在疏忽而起诉不需要证明原告与被告之间存在合同关系

B. 原告以违反担保起诉必须证明原告与被告之间存在直接的合同关系

C. 原告可以违反条件而提起产品责任诉讼

D. 以严格责任为由提起诉讼是一种侵权行为之诉

E. 以严格责任起诉必须证明缺陷与损害之间存在因果关系

4. 目前国际社会最具代表性的有关产品责任的三个国际公约是（　　）。

A.《斯特拉斯堡公约》

B.《关于对有缺陷的产品的责任指令》

C.《关于产品责任的法律适用公约》

D.《纽约公约》

三、判断题

1. 产品责任法属于社会经济立法的范畴，它的各项规定和原则都是强制性的，双方当事人在订立合同时不得事先加以排除或变更。（　　）

2. 只要有关产品存在瑕疵，使用者在使用该产品时又发生了损害事故，该产品的生产者和销售者就应该承担产品责任。（　　）

3. 只有经过人类劳动而获得的产品才是产品责任法中的产品。（　　）

4. 产品责任法不仅调整有合同关系的当事人之间的产品责任关系，而且调整没有合同关系的当事人之间的产品责任关系。（　　）

5. 美国产品责任法由联邦政府统一制定。（　　）

6. 在我国，产品责任对产品生产者和销售者采用不同的归责原则，生产者承担过错责任，销售者承担严格责任。（　　）

四、案例分析

1. 原告温特因为按照帕特南父子公司出版发行的《蘑菇百科全书》的内容错误地采集和食用了蘑菇，并因此染上重病。原告以被告违反担保、虚假陈述、产品责任等理由起诉被告，要求损害赔偿。被告辩称，书籍不属于产品责任中的“产品”。问：书籍是不是“产品”？

2. 2007 年 1 月 5 日，原告冷某之妻李某服用被告杨文水制药有限公司生产的坤舒牌“桂枝茯苓丸”后出现呼吸困难，经抢救无效，于次日凌晨死亡。经鉴定，其“咽喉异物”正是坤舒牌“桂枝茯苓丸”。原告认为，李某死亡是被告的药品违法和缺陷直接造成的。根据中国《产品质量法》的规定，经营者在提供可能危及人身、财产安全的商品和服务时，应当向消费者做出真实说明和明确警示，但被告生产的药丸其药品说明书和标签上无任何警示语，载明的用法用量仅为“口服，一次一丸”字样，其注意事项仅为“孕妇慎用”。被告山西杨文水制药有限公司则认为，被告药品说明书是根据国家有关法律法规规定的格式制定的，通过了国家药监部门批准，药品说明书既是合法也是合格的，不存在原告所称的内容的“违法”“缺陷”的问题。问：该药丸是否存在缺陷？

3. 我国某玩具进出口公司向美国某玩具公司出口塑料弹弓。出口后不久，就被反映存在质量问题。据称美国儿童在使用弹弓时弓柄断裂，并已发生多起伤害事故，甚至有的眼睛致残。经法院审理，美方提出证据表明，我国出口的弹弓所使用的材料不安全，仅承受 9 磅拉力弓柄就断裂，而香港同类弹弓弓柄能承受 60 磅拉力。问：出口的弹弓是否是缺陷产品？我国的出口商是否承担责任？

模块七

知识产权法

项目一 工业产权法概述

项目概述

通过本项目的学习，掌握工业产权的概念及基本法律特征；了解工业产权法。

基础知识

工业产权是知识产权的重要组成部分。知识产权，是指人们对智力创造成果和工商业标记依法享有的权利。

一、工业产权的概念和特征

工业产权，是指人们依法对应用于商品生产和流通中的创造发明和显著标记等智力成果，在一定地区和期限内享有的专有权。按照《保护工业产权巴黎公约》的规定，工业产权包括发明、实用新型、外观设计、商标、服务标记、厂商名称、货源标记、原产地名称以及制止不正当竞争的权利，我国工业产权主要是指商标专用权和专利权。

工业产权与版权，统称为知识产权。工业产权属于无形财产权，与有形财产权相比较，工业产权具有以下法律特征：

（一）专有性

工业产权是国家赋予专利权人和商标专用权人，在有效期内对其专利和商标享有的独占、使用、收益和处分的权利。未经权利人许可，任何第三人皆不得使用，否则，即构成侵权。

（二）地域性

工业产权的地域性是指工业产权的地域限制，即一个国家法律所确认和保护的工业产权，只在该国范围内有效，对其他国家不发生效力，即不具有域外效力。如想获得该国的保护，必须依照该国的法律取得相应的知识产权或根据共同签订的国际条约取得保护。

（三）时间性

工业产权的时间性是指工业产权的时间限制，即工业产权的保护是有一定期限的，这也就是工业产权的有效期。法律规定的期限届满，工业产权的专有权即告终止，权利人即丧失其专有权，这些智力成果即成为社会财富。

二、工业产权法

工业产权法是调整国家确认、保护工业产群以及在工业产权的使用过程中而发生的各种社会关系的法律规范的总称。

工业产权法一般由专利法和商标法两部分组成，此外，还包括若干与之相关的条例细则。我国调整工业产权的主要法律、法规为《专利法》《专利法实施细则》《商标法》《商标法实施细则》《关于申请商标注册要求优先权的暂行规定》等，它们构成了我国比较健全和完整的工业产权法律制度。

任务实施

任务1 案例分析

任务描述

1993年4月6日，海信公司在中国注册了“海信”“Hisense”商标，并开始正式作为商标使用。1999年1月5日，“海信”被中国国家工商总局正式认定为驰名商标。但是，1999年1月11日，博西家用电器投资（中国）有限公司却在德国申请“Hisense”商标注册，在获得注册后，博西公司又于当年申请马德里国际商标注册和欧共体商标注册。后来博西公司在德国科隆起诉海信公司，指控海信公司侵犯其商标权。

任务分析

要解决本案例，就要理解工业产权的法律属性中的地域性。

任务完成

____

____

____

拓展知识

工业产权的国际保护

有关工业产权国际保护的世界性或地区性的国际条约很多，最主要的有《保护工业产权巴黎公约》《专利合作公约》《商标国际注册马德里协定》和《商标注册条约》等。此外，国际上成立了政府间的国际机构——世界知识产权组织。

《保护工业产权巴黎公约》是1883年在巴黎签订的，后经多次修改，是目前保护工业产权方面影响最大的国际公约。该公约组织有100多个成员国，我国第六届全国人大常委会第八次会议于1984年11月1日决定加入《保护工业产权巴黎公约》，自 1985 年 3 月 19 日起该公约对我国生效。

《巴黎公约》的主要原则和制度介绍如下：

1. 国民待遇原则

在工业产权的国际保护方面，每一缔约国必须把它给予本国国民的待遇同等地给予其他缔约国国民，非缔约国国民如在缔约国国内有住所或营业场所，也应得到同样的保护。

2. 优先权制度

缔约国国民第一次向一个缔约国提出专利或商标注册申请后，又在一定期限内就同一发明创造和商标向另一缔约国申请时，其第二次的申请日应视同第一次申请日。在优先权期限内，即使有任何第三人就相同专利或商标提出申请或已实施了该发明或使用了该商标，申请人仍因享有优先权而获得专利权或商标专用权。

3. 独立性原则

各缔约国独立地视本国的法律规定是否给予专利权或商标专用权，不受该专利或商标专用权在其他缔约国规定的影响。就是说，同一发明创造或商标在一个成员国取得专利权或商标专用权，并不意味着在其他成员国也一定可以取得专利权或商标专用权；专利权或商标专用权在一个成员国被撤销或终止，也不意味着在其他成员国一定要被撤销或终止。

4. 强制许可原则

对已获得工业产权法律保护的权利人，自申请日起满 4 年，或从专利批准日起满 3 年，无正当理由没有实施或没有充分实施的，各成员国可以在不征得权利人同意的情况下，对该工业产权实行强制许可。

项目二

商标法

项目概述

通过本项目的学习，掌握商标的概念及特征；掌握申请注册商标的条件和程序，以及相关的法律保护措施和制度。

基础知识

一、商标与商标法概述

（一）商标的概念及其特征

视频小课堂

商标的种类

商标是商品的生产者、经营者在其生产、制造、加工、拣选或者经销的商品上或者服务的提供者在其提供的服务上采用的，用于区别商品或服务来源的，包括文字、图形、字母、数字、三维标志、颜色组合和声音等，以及上述要素的组合，具有显著特征的标志，是现代经济的产物。

商标具有如下特征：

（1）商标是用于商品或服务上的标记，与商品或服务不能分离，并依附于商品或服务。

（2）商标是区别于他人商品或服务的标志，具有特别显著性的区别功能，从而便于消费者识别。商标的构成是一种艺术创造。

（3）商标是由文字、图形、字母、数字、三维标志、颜色和声音等，以及上述要素的组合的可视性标志。

（4）商标具有独占性。使用商标的目的就是区别于他人的商品或服务，便于消费者识别。所以，注册商标所有人对其商标具有专用权、受到法律的保护，未经商标权所有人的许可，任何人不得擅自使用与该注册商标相同或相类似的商标，否则即构成侵犯注册商标权所有人的商标专用权，将承担相应的法律责任。

（5）商标是一种无形资产，具有价值。商标代表商标所有人生产或经营的质量信誉和企业信誉、形象，商标所有人通过商标的创意、设计、申请注册、广告宣传及使用，使商标具有了价值，也增加了商品的附加值。商标的价值可以通过评估确定。商标可以有偿转让，经商标所有权人同意，许可他人使用。

（6）商标是商品信息的载体，是参与市场竞争的工具。生产经营者的竞争就是商品或服务质量与信誉的竞争，其表现形式就是商标知名度的竞争。商标的知名度越高，其商品或服务的竞争力就越强。

（二）商标法

《中华人民共和国商标法》经 1982 年 8 月 23 日五届全国人民代表大会常务委员会第二十四次会议通过。《商标法》分总则，商标注册的申请，商标注册的审查和核准，注册商标的续展、变更、转让和使用许可，注册商标的无效宣告，商标使用的管理，注册商标专用权的保护，附则 73 条，自 1983 年 3 月 1 日起施行。2019 年 4 月 23 日第十三届全国人民代表大会常务委员会第十次会议对该法进行第四次修正。

二、商标权的主体、客体和内容

（一）商标权的主体

商标权的主体是指通过法定程序，在自己生产、制造、加工、拣选、经销的商品或者提供的服务上享有商标专用权的人。根据《商标法》规定，商标权的主体范围包括：自然人、法人或者其他组织。

两个以上自然人、法人或者其他组织可以共同向商标局申请注册同一个商标，共同享有和行使该商标专用权。

（二）商标权的客体

商标权的客体是指经商标局核准注册的商标，即注册商标。

申请注册商标应当具备以下条件：

1. 商标应当具备显著性

《商标法》第九条规定："申请注册的商标，应当有显著特征，便于识别，并不得与他人在先取得的合法权利相冲突。"商标具备的这种显著性，可以通过两种方式产生，一是商标本身具有显著性；二是通过长期的使用获得商标的显著性。

2. 商标应当符合可视性要求

《商标法》规定，任何能够将自然人、法人或者其他组织的商品与他人的商品区别开的可视性标志，包括文字、图形、字母、数字、三维标志、颜色组合和声音等，以及上述要素的组合，均可以作为商标申请注册。

（三）商标权的内容

1. 使用权

使用权是指注册商标所有人在核定使用的商品上使用核准注册的商标的权利。商标的使用方式主要是直接使用于商品、商品包装、商品容器，也可以是间接地将商标使用于商品交易文书、商品广告宣传、展览及其他业务活动中。使用权的效力范围，以核准注册和商标和核定使用的商品为限。

2. 禁止权

禁止权是指商标所有人禁止任何第三方未经其许可在相同或类似商品上使用与其注册商标相同或近似的商标的权利。禁止权的效力范围大于使用权的效力范围，不仅包括核准注册的商标、核定使用的商品，还扩张到与注册商标相近似的商标和与核定商品相类似的商品。

3. 许可权

许可权是指注册商标所有人许可他人使用其注册商标的权利。商标使用许可关系中，许可人应当提供合法的被许可使用的注册商标，监督被许可人使用其注册商标的商品质量。被许可人应在合同约定的范围内使用被许可商标，保证被许可使用商标的商品质量，以及在生产的商品或包装上应标明自己的名称和商品产地。

4. 转让权

转让权是指注册商标所有人将其注册商标转移给他人所有的权利。转让注册商标，除了由双方当事人签订合同之外，转让人和受让人应共同向商标局提出申请，经商标局核准，并予以公告。未经核准登记的，转让合同不具有法律效力。

5. 商标的续展注册

注册商标的有效期为 10 年，但商标所有人需要继续使用该商标并维持专用权的，可以通过续展注册延长商标权的保护期限。续展注册应当在有效期满前 6 个月内办理；在此期间未能提出申请的，有 6 个月的宽展期。宽展期内仍未提出申请的，注销其注册商标。每次续展注册的有效期为 10 年，自该商标上一届有效期满次日起计算。续展注册没有次数的限制。

三、商标注册的条件与程序

（一）商标注册的条件

凡是申请注册的商标，应当具有显著特征，便于识别，这是“商标法”的要求。商标的显著特征是指该商标能够使之与他人的同种商品或类似商品的商标相区别。具体地说，商标能够使一般的消费者一望便知该商品为某种牌子的商品，使消费者能够用来辨别商品而选择购买商品。为此，商标法规定，仅有本商品的通用名称、图形、型号的，仅仅直接表示商品的质量、主要原料、功能、用途、重量、数量及其他特点的标志，不具备显著特征，不得作为商标注册。

《商标法》规定，下列标志不得作为商标使用：（1）同中华人民共和国的国家名称、国旗、国徽、军旗、勋章相同或者近似的，以及同中央国家机关所在地特定地点的名称或者标志性建筑物的名称、图形相同的；（2）同外国的国家名称、国旗、国徽、军旗相同或者近似的，但该国政府同意的除外；（3）同政府间国际组织的名称、旗帜、徽记相同或者近似的，但经该组织同意或者不易误导公众的除外；（4）与标明实施控制、予以保证的官方标志、检验印记相同或者近似的，但经授权的除外；（5）同“红十字”“红新月”的名称、标志相同或者近似的；（6）带有民族歧视性的；（7）夸大宣传并带有欺骗性的；（8）有害于社会主义道德风尚或者有其他不良影响的。

《商标法》还规定，县级以上行政区划的地名或者公众知晓的外国地名，不得作为商标。但是，地名具有其他含义或者作为集体商标、证明商标组成部分的除外；已经注册使用地名的商标继续有效。

（二）商标注册的程序

我国商标注册实行自愿注册与强制注册相结合。自愿注册，即由生产者或经营者根据自己生产的实际需要，自愿提出注册申请，以取得商标专用权。但自愿注册，并不排除对某些商品如药品、卷烟等必须申请商标注册的强制性要求。《商标法》第六条规定：“法律、行政法规规定必须使用注册商标的商品，必须申请商标注册，未经核准注册的，不得在市场销售。”凡商标申请注册，都有程序的具体规定。一般来说，商标注册的申请人应向政府主管部门提出申请，具体说明申请人的名称、国籍、地址和使用该商标的商品名称及商品分类的类别等。同时应提交一定尺寸的商标图样和数份印版，并按规定交纳申请费用。主管部门接到商标注册申请后，即对申请进行审查。我国对注册商标的审查分两步走，先进行初步审定并予以公告，让公众进行审查，期限为 3 个月，其间任何人均可以提出异议。公告期满无异议的，再予以核准注册，发给商标注册证，并予以公告。

四、注册商标的使用

商标经注册后，即进入保护期，对保护期限国际上有不同规定。《知识产权协定》规定“商标的首次注册及每次续展期限都不得少于 7 年。商标注册应可以无限续展。”我国《商标法》第三十九条规定：“注册商标的有效期为 10 年，自核准注册之日起计算。”第四十条规定：“注册商标有效期满，需要继续使用的，商标注册人应当在期满前十二个月内按照规定办理续展手续；在此期间未能办理的，可以给予六个月的宽展期。每次续展注册的有效期为十年，自该商标上一届有效期满次日起计算。期满未办理续展手续的，注销其注册商标。”商标的使用表现在以下三个方面：一是使用注册商标均须标明“注册商标”字样；二是商标的使用不限于商品的本身，还可以延伸到推销商品有关活动中，包括广告宣传或参加展览；三是注册商标应在连续不断的使用中，间隔期不能超过三年。如果连续三年不使用的，任何人可向商标管理机关申请撤销该注册商标。

任务实施

任务 2　案例分析

任务描述

百盛商业中心在其出售的新加坡鳄鱼牌服装的专柜上，将其从北京服装厂购入的“枫叶”牌服装的“枫叶”注册商标撕去，然后贴上“鳄鱼”商标，并以高出原价数倍的价钱出售。

问：百盛商业中心的行为是否构成侵权行为？

任务分析

想要解决本案例，就要理解商标的注册原则和申请原则，了解哪些是商标侵权行为。

任务完成

项目三

专利法

一、专利的含义

专利，从字面上是指专有的权利和利益。“专利”一词来源于拉丁语Litteraepatentes，意为公开的信件或公共文献，是中世纪的君主用来颁布某种特权的证明，后来指英国国王亲自签署的独占权利证书。

在现代，专利一般是由政府机关或者代表若干国家的区域性组织根据申请而颁发的一种文件，这种文件记载了发明创造的内容，并且在一定时期内产生这样一种法律状态，即获得专利的发明创造在一般情况下他人只有经专利权人许可才能予以实施。在我国，专利分为发明、实用新型和外观设计三种类型。

视频小课堂

专利法概述

二、专利法

专利法是调整因发明而产生的一定社会关系，促进技术进步和经济发展的法律规范的总和。就其性质而言，专利法既是国内法，又是涉外法；既是确立专利权人的各项权利和义务的实体法，又是规定专利申请、审查、批准一系列程序制度的程序法；既是调整在专利申请、审查、批准和专利实施管理中纵向关系的法律，又是调整专利所有、专利转让和使用许可的横向关系的法律；既是调整专利人身关系的法律，又是调整专利财产关系的法律。

主要包括如下内容：发明专利申请人的资格，专利法保护的对象，专利申请和审查程序，获得专利的条件，专利代理，专利权归属，专利权的发生与消灭，专利权保护期，专利权人的权利和义务，专利实施，转让和使用许可，专利权的保护等。

三、专利审查程序

关于专利审查程序，世界上主要有三种类型：

第一种是形式审查制度，也称登记制度，即只对专利申请的形式进行审查，而不对发明创造的实质内容加以审查；

第二种是早期公开、延迟审查制度，也称为请求审查制度，即专利机关在正式受理专利申请后的一定时间内将申请的内容公开，而申请人则应于法定的时间内请求专利机关对其申请进行实质审查，逾期不提出请求的，视为自动放弃专利申请；

第三种是完全申请制度，即对所有的专利申请都进行实质审查。

任务实施

任务3　案例分析

任务描述

飞龙公司向社会发出广告品、征选某产品的外观包装设计，同年10月，飞龙公司在《生活用刊》上刊登了获选作品的图片。同年12月，飞龙公司向专利局申请该种产品的外观设计专利。

问：飞龙公司的申请能否获得批准？

任务分析

想要解决本案例，就要理解授予专利权的条件。

任务完成

____

____

____

【学习测试】

一、单项选择题

1. WTO《与贸易有关的知识产权协议》中所涉及的，对未披露过的信息的保护，实际上主要指对（　　）的保护。

A. 邻接权　　B. 商业秘密

C. 地理标志权　　D. 工业品外观设计权

2. 知识产权第一个，也是最重要的特点，就是（　　）。

A. 无形性　　B. 专有性　　C. 地域性　　D. 可复制性

3. TRIPS是指（　　）。

A.《保护文学艺术作品伯尔尼公约》

B.《巴黎公约》

C. 世界贸易组织中的《知识产权协议》

D.《马德里协定》

4. 百盛商业中心将其购入的北京服装厂生产的“枫叶”牌服装，换上“鳄鱼”商标，以高出原“枫叶”服装数倍的价格出售。这种行为被称为（　　）。

A. 假冒　　B. 反向假冒　　C. 抄袭　　D. 仿制

5. 世界上绝大多数国家的法律及国际公约都没有授予财产权的对象是（　　）。

A. 发明　　B. 商业秘密　　C. 外观设计　　D. 科学发现

6. 判定一项外观设计是否有效，其根据是该设计是否具有（　　）。

A. 创造性　　B. 实用性　　C. 新颖性　　D. 突出性

7. 依我国《专利法》的规定，对专利复审委员会宣告专利权无效的决定不服的，可以自收到通知之日起的（　　）内向人民法院起诉。

A. 15天　　B. 一个月　　C. 两个月　　D. 三个月

8. 在侵权活动开始之前，如专利权人有证据证明某行为很快就会构成对自己专利的侵犯，或该行为的正常延续必然构成侵权行为，也可以起诉。在一些国家专利法中把这类可诉讼的行为称作（　　）。

A. 非侵权声明　　B. 侵权警告　　C. 即发侵权　　D. 侵权威胁

9. 洪昌家具厂设计了以下几个产品商标，不符合商标法有关规定的是（　　）。

A. “洪昌”　　B. 奥林匹克五环图形

C. “长白山”　　D. “幸福”

10. 提供同一项技术，（　　）使用费最高。

A. 普通许可证　　B. 独家许可证

C. 独占许可证　　D. 交叉许可证

11. 我国参加的第一个知识产权国际公约是（　　）。

A.《建立世界知识产权组织公约》

B.《里斯本协定》

C.《罗马公约》

D.《巴黎公约》

12. 无正当理由，注册商标所有人连续停止使用其注册商标的时间，不得超过（　　）。

A. 1 年　　B. 3 年　　C. 5 年　　D. 7 年

二、多项选择题

1. 狭义的或传统的知识产权包括（　　）两部分。

A. 工业产权　　B. 版权　　C. 发现权　　D. 表演权

2. 根据《巴黎公约》，就专利而言，在法定申请日确立后，申请人至少能够享有（　　）。

A. 实施权　　B. 优先权　　C. 转让权　　D. 专利权

3. 根据我国《商标法实施细则》，地理标志可注册为（　　）。

A. 集体商标　　B. 防御商标　　C. 证明商标　　D. 联合商标

4. 关于驰名商标叙述正确的是（　　）。

A. 根据《巴黎公约》的要求，即使是未注册的驰名商标，也可以阻止与其相同或近似的商标获得注册

B. 驰名商标的认定与该商标使用的持续时间有关

C.《巴黎公约》规定驰名商标所有人可禁止其他人使用与之近似的标识

D. 允许注册防御商标是对驰名商标的一种保护方式

5. 下列行为符合美国对驰名商标保护方面的“淡化”含义的是（　　）。

A. 在辞典中将“飞鸽”注解为“自行车”而不是“自行车的商标”

B. 将“柯达”商标用于钢琴

C. 法院判定日本“三菱”商标与德国“奔驰”图形近似

D. 法院判定“Liberty”商标为驰名商标

6. 国际上公认的工业产权包括（　　）。

A. 专利权　　B. 商标权　　C. 厂商名称权　　D. 货源标记权

7.《伯尔尼公约》的三项主要原则是（　　）。

A. 优先权原则　　B. 国民待遇原则

C. 自动保护原则　　D. 版权独立性原则

三、判断题

1. “知识产权”这一术语产生于18世纪的德国。（　　）
2. 目前大多数国家的商标法都对“防御商标”予以保护。（　　）
3. 我国对一项专利的保护期限为20年。（　　）
4. 专利年费的数额在专利保护期内是逐年累进的。（　　）
5. 无论是大陆法系国家还是英美法系国家，版权保护都发端于自动保护。（　　）
6. 《拿破仑民法典》第一次肯定了商标权应与其他财产权同样受到保护。（　　）

四、案例分析

甲厂自2016年起在其生产的衬衫上使用“飞天”商标；2017年，乙服装厂也开始使用“飞天”商标。2019年5月，乙厂的“飞天”商标经国家商标局核准注册，其核定使用的商品为服装等。2020年1月，乙厂发现甲厂在衬衫上使用“飞天”商标，很容易引起消费者的误认，因此甲、乙双方发生纠纷。请回答下列问题：

（1）甲、乙两个厂谁构成侵权？为什么？

（2）侵权行为始于何时？请说明理由。

（3）侵权方能否继续使用“飞天”商标？请提出可行性建议。

模块八

国际商事仲裁法

项目一

国际商事仲裁概述

项目概述

通过本项目的学习，掌握国际商事仲裁的概念及特征、仲裁协议的特征；了解仲裁机构、仲裁庭的设置。

基础知识

一、国际商事仲裁的概念与特点

（一）国际商事仲裁的概念

国际商事仲裁是指从事国际商事交易的当事人在纠纷发生之前或在纠纷发生之后，达成书面协议，自愿将其纠纷交给第三者进行裁决并受该裁决效力约束的争议解决方式。

（二）国际商事仲裁的特点

（1）自愿性。纠纷当事人通过仲裁协议授予仲裁机构管辖权、选择仲裁机构、仲裁地点、仲裁员以及仲裁适用的程序法和实体法。

（2）保密性。国际商事仲裁以不公开审理为原则，仲裁裁决未经当事人同意不得公开发表。

（3）终局性。裁决一经做出对双方当事人都具有约束力，任何一方当事人均不得再向法院起诉。有一方当事人不自动执行仲裁裁决，另一方当事人可以向有关法院申请强制执行。

二、国际商事仲裁机构

（一）国际商事仲裁机构的概念及其类型

国际商事仲裁机构是指依法设立的从事仲裁活动的民间组织，它与行政机构和其他任何部门没有隶属关系，各种仲裁组织之间也没有隶属关系。

根据组织形式的不同，国际商事仲裁机构分为临时仲裁机构和常设仲裁机构。临时仲裁机构是指根据当事人的仲裁协议，在争议发生后由当事人推荐的仲裁的仲裁员临时组成的仲裁机构。这种仲裁机构没有固定的组织、地点和仲裁规则，裁决后即解散。常设仲裁机构是指依据国际条约或国内立法设立的具有固定的组织、地点和仲裁规则的仲裁机构。目前，在世界上有较大影响的常设仲裁机构主要有：国际商会仲裁院、瑞典斯德哥尔摩商会仲裁院、伦敦国际仲裁院、美国仲裁协会、中国国际经济贸易仲裁委员会等。

（二）仲裁机构的成立条件

仲裁机构的成立必须满足以下条件：

（1）有自己的名称、住所和章程；

（2）有必要的财产；

（3）有该委员会的组成人员；

（4）有聘任的仲裁员；

（三）仲裁机构的优点

（1）有较为完善的仲裁规则可以利用，不必当事人自己拟定；

（2）有固定的仲裁员可供选任，均是熟悉国际商事及法律业务的专家；

（3）有专门的管理服务人员提供服务，秘书长、秘书处工作人员从事大量的仲裁行政性工作；

（4）便于获得司法部门的支持，易得到有关国家法院的承认与执行；

拓展知识

常设仲裁机构

常设仲裁机构有国际性的或区域性的，有全国性的，还有附设在特定行业内的专业性仲裁机构。它们都有一套机构和人员，负责组织和管理有关仲裁事务，可为仲裁的进行提供各种方便。所以大多数仲裁案件都被提交在常设仲裁机构进行审理。著名的常设仲裁机构有：国际商会仲裁院、英国伦敦仲裁院、瑞士苏黎世商会仲裁院、日本国际商事仲裁协会、美国仲裁协会、瑞典斯德哥尔摩商会仲裁院、中国国际经济贸易仲裁委员会等。

三、仲裁协议

（一）仲裁协议的概念

仲裁协议是指在国际商事交往中，双方当事人同意将他们之间业已发生或将来发生的争议，委托第三方仲裁解决的一种书面协议。

（二）仲裁协议的效力

仲裁协议的法律效力即仲裁协议所具有的法律约束力。一项有效的仲裁协议的法律效力包括对双方当事人的法律效力、对法院的法律效力和对仲裁机构的法律效力。

1. 对双方当事人的法律效力

仲裁协议对当事人的法律效力表现为：约束双方当事人对纠纷解决方式的选择权。

仲裁协议一经有效成立，即对双方当事人产生法律效力，双方当事人都受到他们所签订的仲裁协议的约束。发生纠纷后，当事人只能通过向仲裁协议中所确定的仲裁机构申请仲裁的方式解决该纠纷，而丧失了就该纠纷向法院提起诉讼的权利。如果一方当事人违背仲裁协议，就仲裁协议规定范围内的争议事项向法院起诉，另一方当事人有权在首次开庭前依据仲裁协议要求法院停止诉讼程序，法院也应当驳回当事人的起诉。

2. 对法院的法律效力

仲裁协议对法院的法律效力表现为：仲裁协议排除法院的司法管辖权。

有效的仲裁协议可以排除法院对仲裁协议中的争议事项的司法管辖权，这是仲裁协议法律效力的重要体现，也是各国仲裁普遍适用的准则。我国《仲裁法》第五条规定："当事人达成仲裁协议，一方向人民法院起诉的，人民法院不予受理，但仲裁协议无效的除外。"当事人达成仲裁协议，一方向人民法院起诉未声明有仲裁协议的，人民法院受理后，另一方在首次开庭前提交仲裁协议的，人民法院应当驳回起诉，但仲裁协议无效的除外。当然，如果另一方在首次开庭前未对人民法院受理该案提出异议的，视为放弃仲裁协议，人民法院应当继续审理。当事人在首次开庭前未对人民法院受理该案提出异议的，推定当事人默示司法管辖。

3. 对仲裁机构的法律效力

仲裁协议对仲裁机构的法律效力表现为：授予仲裁机构仲裁管辖权并限定仲裁的范围。

仲裁协议是仲裁委员会受理仲裁案件的基础，是仲裁庭审理和裁决仲裁案件的依据。没有仲裁协议就没有仲裁机构对仲裁案件的仲裁管辖权。我国《仲裁法》第四条规定："没有仲裁协议，一方申请仲裁的，仲裁委员会不予受理。"同时，仲裁机构的管辖权又受到仲裁协议的严格限制，即仲裁庭只能对当事人在仲裁协议中约定的争议事项进行仲裁，而对仲裁协议约定范围以外的其他争议无权仲裁。

（三）仲裁协议的有效要件

1. 形式要件

各国仲裁立法和国际条约大多要求仲裁协议是书面形式。我国《仲裁法》第十六条规定："仲裁协议包括合同中订立的仲裁条款和其他书面形式在纠纷发生前或者纠纷发生后达成的请求仲裁的协议。"关于书面形式，《联合国国际贸易法委员会国际商事仲裁示范法》规定："仲裁协议如果包括在当事人签署的一个文件中，或者包含在记录该合同的信件、电传、电报或其他电讯通信的交换中，或包含在一方主张协议存在而他方并不否认的关于申诉与答辩的陈述的交换中，就是以书面的形式做出的。”因而，只有具有书面形式的仲裁协议才具有法律效力，否则，根据非书面形式的仲裁协议而进行的仲裁审理以及裁决均不发生法律效果。

2. 实质要件

尽管各国法律对仲裁协议的效力应当具备的条件规定各异，但一般而言，一项有效的仲裁协议至少应具备以下几个实质要件：

（1）仲裁协议必须是双方当事人真实的意思表示，而不是一方当事人通过欺诈的方式强使另一方当事人接受此项协议的产物。

（2）当事人的行为能力。仲裁协议的当事人应当具有相应的行为能力，否则，其订立的仲裁协议无效。

（3）争议事项的可仲裁性。仲裁协议当事人约定提交仲裁的争议事项，必须是依有关国家法律允许采用仲裁方式处理事项，否则，仲裁协议无效。

（4）仲裁协议的内容应当合法，即当事人约定的仲裁事项必须是按照有关国家的法律可以通过仲裁方式解决的事项。这些法律一般为裁决地国的法律或裁决执行地国的法律。此外，协议的内容也不得违反仲裁地国或裁决地国的法律中有关强制性的规定，不得与这些国家的公共政策相抵触。此外，仲裁协议的形式必须合法，即必须采用书面形式。

3. 我国相关规定

根据我国《仲裁法》第十七条规定，仲裁协议有下列情形之一的仲裁协议无效：

（1）约定的仲裁事项超出法律规定的仲裁范围的。

（2）无民事行为能力人或者限制民事行为能力人订立的仲裁协议。

（3）一方采取胁迫手段，迫使对方订立仲裁协议的。

（四）仲裁协议的主要内容

一般来说，一项仲裁协议应包括以下几方面的内容：

1. 提交仲裁的争议事项

当事人在仲裁协议中约定的可以交付仲裁机构裁决的具体争议的范围。其约束力表现在：首先，对当事人。任何一方当事人只能就订有仲裁协议的有关纠纷提交仲裁。其次，对仲裁庭。只能受理当事人提交的属于仲裁协议约定范围内的争议事项，否则仲裁庭无管辖权。此外，仲裁庭也只能就仲裁协议约定范围内的争议做出裁决，否则其对超出仲裁协议约定事项范围所做出的裁决无效。同时很多国家的法律也规定，没有约定仲裁事项或仲裁事项约定不明的仲裁协议无效。

2. 仲裁地点和仲裁机构

仲裁地点是指进行仲裁程序和做出裁决的所在地，它关系到仲裁程序和纠纷实质问题的法律适用。由于适用不同国家的法律，对案件的处理也会得出不同的结果，因此在实践中，仲裁地点往往是当事人商订仲裁协议时争论的焦点。一般来说，当事人都会力争在本国仲裁。在一般情况下，仲裁地点与仲裁机构所在地往往是相同的。当事人选择某个常设仲裁机构，一般都包含以该常设仲裁机构所在地作为仲裁地的意思表示。即使当事人未对仲裁地做出明确选择，仲裁庭通常也都把仲裁机构所在地作为仲裁地。如果仲裁地国的仲裁机构在该国有多个分支机构，还应明确在哪个城市进行仲裁。

3. 仲裁程序规则

仲裁规则是指双方当事人和仲裁庭在整个仲裁过程中应遵循的程序规范。仲裁规则是仲裁程序得以顺利进行的保证，它的选择对纠纷案件的审理结果意义重大。如果当事人在仲裁协议中没有明示选择仲裁规则，各国法律和在实践中采用的补救方法并不一致。多数国家主张适用仲裁地的程序规则，也有一些国家认为应由仲裁庭决定适用的程序规则。

4. 仲裁裁决的效力

仲裁与诉讼相比较，有一个特点就是仲裁裁决具有终局性，其一旦做出，即具有法律约束力。正是由于这一点，在国际商事纠纷解决中，仲裁被当事人广泛采纳，以便于纠纷的迅速解决。

视频小课堂

仲裁庭组成

四、仲裁庭

仲裁庭的组成方式主要有两种：一种是由三名仲裁员组成的合议庭；另一种是由一名仲裁员组成的独任制仲裁庭。

（1）合议庭的组成：合议庭中有一名仲裁员是首席仲裁员，首席仲裁员负责主持案件的仲裁。当事人可以约定仲裁庭的组成方式及选定仲裁员。适用一般程序的案件，由三名仲裁员组成合议庭。当事人双方各自选定一名仲裁员或各自委托本会主任指定一名仲裁员，第三名仲裁员由当事人共同选定或者共同委托本会主任指定。第三名仲裁员是首席仲裁员。当事人一方为两人以上的，应当共同选定或者共同委托本会主任指定一名仲裁员。

（2）适用简易程序的案件，由一名仲裁员组成仲裁庭独任审理。这种组庭方式由当事人双方共同选定或者共同委托本会主任指定一名仲裁员。

仲裁委员会一般都备有仲裁员名册，供当事双方选择。双方当事人应当在收到仲裁通知书之日起 15 日（涉外案件为 20 日，简易程序为 10 日）内约定仲裁庭组成方式，并从仲裁员名册中选定仲裁员。当事人未能在上述期限内约定仲裁庭的组成方式及选定仲裁员的，由本会主任决定仲裁庭组成方式并指定仲裁员。

任务实施

任务1　案例分析

任务描述

新加坡甲公司与中国乙公司就一份涉外合同的履行发生纠纷，经协商未果，甲公司依合同所附仲裁条款向CIETAC申请仲裁，要求乙公司支付货款，并欲申请采取财产保全措施。乙公司则对合同所附仲裁条款的效力持有异议，并想在进入仲裁程序后就甲公司产品质量问题，提出要求甲公司支付违约金并赔偿其损失的反请求。双方约定由一名独任仲裁员审理此案，但在规定时间内未能就合适人选达成一致意见。问：

1. 甲公司如何申请财产保全？
2. 乙公司以什么程序对仲裁条款效力提出异议？
3. 如何确定独任仲裁员人选？

任务分析

要解决案例中提出的问题，主要是掌握仲裁程序中财产保全的相关规定；对仲裁条款效力提出异议的程序以及如何组成仲裁庭的相关规定。

任务完成

项目二

国际商事仲裁程序

项目概述

通过本项目的学习，了解国际商事仲裁的程序规定，仲裁裁决的种类。

基础知识

一、仲裁程序的概念及其主要内容

（一）仲裁程序的概念

仲裁程序是规定如何进行仲裁的程序，是调整仲裁庭、仲裁协议的当事人以及相关人员和机构之间关系的程序。该程序始于仲裁申请的提起，以仲裁裁决的做出而告终。

视频小课堂

仲裁程序

（二）仲裁程序的主要内容

为了确保仲裁裁决的公正及时，仲裁必须依法定程序进行，国际仲裁的基本程序如图 8－1 所示：

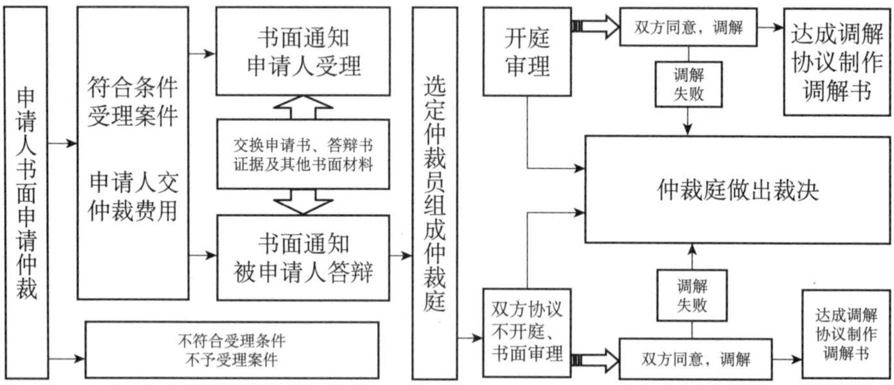

图 8－1　国际仲裁的基本程序

1. 仲裁申请和受理阶段

仲裁机构受理争议必须以双方当事人的仲裁协议为据，但单有仲裁协议，并不能自动地引起仲裁审理程序的开始，还必须由一方当事人提出仲裁申请。仲裁申请的提出是开始仲裁审理程序的最初法律步骤。仲裁程序自仲裁委员会或其分会发出仲裁通知之日起正式开始。仲裁委员会收到当事人提交的仲裁申请书后，认为符合受理条件的，在收到仲裁申请书之日起五日内向申请人发出受理通知书，同时向被申请人发出仲裁通知书及附件。

双方当事人在收到受理通知书或仲裁通知书后，应当做好以下几项工作：

第一，申请人须在规定的期限内预交仲裁费用，否则将视为申请人撤回仲裁申请。

第二，被申请人可在仲裁通知书规定的期限内向仲裁委员会提交书面答辩书。

第三，分别做好证据材料的核对及整理工作，必要时可提交补充证据。

第四，及时提交仲裁员选定书、法定代表人证明书、详细写明委托权限的授权委托书等有关材料。

第五，在被申请人下落不明的情况下，申请人应主动查找其下落，并向仲裁委员会提交被申请人的确切住所，否则将影响仲裁程序进行。

第六，被申请人若要提出仲裁反请求，则必须在仲裁规则规定的期限内提出。此外，双方当事人均有权向仲裁委员会申请财产保全和证据保全，有权委托律师和其他代理人进行仲裁活动。

2. 组庭阶段

双方当事人应当在规定的期限内约定仲裁庭的组成方式和选定仲裁

员。若当事人在规定的期限内未能约定仲裁庭的组成方式或者选定仲裁员的，由仲裁委员会主任指定。最后一次开庭终结前当事人未书面提出仲裁员回避申请的，不能再提出仲裁员回避申请。因回避而重新选定或指定仲裁员后，当事人可以请求已进行的仲裁程序重新进行，是否准许，由仲裁庭决定。

3. 开庭审理阶段

仲裁委员会应当在仲裁规则规定的期限内将开庭日期通知双方当事人。当事人在收到开庭通知书后，应当注意以下几个问题：

第一，当事人若确有困难，不能在所定的开庭日期到庭，则可以在仲裁规则规定的期限内向仲裁庭提出延期开庭请求，是否准许，由仲裁庭决定。申请人经书面通知，无正当理由不到庭或未经仲裁庭许可中途退庭的，视为撤回仲裁申请。被申请人经书面通知，无正当理由不到庭或者未经仲裁庭许可中途退庭的，仲裁庭可以缺席裁决。

第二，在庭审过程中，当事人享有进行辩论和表述最后意见的权利。

第三，双方当事人应当严格遵守开庭纪律。

当事人申请仲裁后，有自行和解的权利。达成和解协议的，可以请求仲裁庭根据和解协议做出裁决书，也可撤回仲裁申请。在庭审过程中，若双方当事人自愿调解的，可在仲裁庭主持下先行调解。调解成功的，仲裁庭依据已达成的调解协议书制作调解书，当事人可以要求仲裁庭根据调解协议制作裁决书。调解不成的，则由仲裁庭及时做出裁决。仲裁庭对专门性问题认为需要鉴定的，可以交由当事人共同约定的鉴定部门鉴定，也可以由仲裁庭指定的鉴定部门鉴定，鉴定费用由当事人预交。

4. 裁决阶段

仲裁庭在将争议事实调查清楚、宣布闭庭后，应进行仲裁庭评议，并按照评议中的多数仲裁员的意见做出裁决。若仲裁庭不能形成多数意见时，则按照首席仲裁员的意见做出裁决。在裁决阶段，双方当事人享有以下几项权利：

第一，有权根据实际情况，要求仲裁庭就事实已经清楚的部分先行裁决。

第二，在收到裁决书后的三十日内，当事人有权对裁决书中的文字、计算错误或者遗漏的事项申请仲裁庭补正。裁决应当在仲裁庭受理案件以后九个月内做出，裁决是终局的，当事人不得向法院上诉。双方当事人在收到裁决书后，应当自觉履行仲裁裁决。

二、仲裁裁决概述

（一）仲裁裁决的概念

仲裁裁决是仲裁庭就当事人提交仲裁解决的事项做出的裁定，此项裁定无论在仲裁程序进行中的哪一阶段做出，对争议各方均有法律上的约束力。

（二）仲裁裁决的种类

在仲裁庭审理过程中，针对不同的事项，在审理的不同阶段，仲裁裁决会有不同的种类。

1. 先行裁决

先行裁决是指在仲裁程序进行过程中，仲裁庭就已经查清的部分事实所做出的裁决。我国《仲裁法》第五十五条规定："仲裁庭仲裁纠纷时，其中一部分事实已经清楚，可以就该部分先行裁决。"

2. 中间裁决或部分裁决

中间裁决是仲裁庭在仲裁过程中对案件与事实有关的问题做出的一种临时性的裁决。部分裁决是仲裁庭在案件审理过程中，如果认为案件某部分事实已经查清，并且有必要先行做出裁决的，就对该部分事实做出裁决。

3. 最终裁决

最终裁决即通常意义上的仲裁裁决，它是指仲裁庭在查明事实、分清责任的基础上，就当事人事情仲裁的全部争议事项做出的终局性判定。

4. 缺席裁决

缺席裁决是指仲裁庭在被申请人无正当理由不到庭或未经许可中途退庭情况下做出的裁决。我国《仲裁法》第四十二条第二款规定："被申请人经书面通知，无正当理由不到庭或未经许可中途退庭的，可以缺席裁决。"

5. 和解裁决

和解裁决即仲裁庭根据双方当事人达成协议的内容做出的仲裁裁决。它既包括根据当事人自行和解达成的协议而做出的仲裁裁决，也包括经仲裁庭调解双方达成的协议而做出的仲裁裁决。

（三）仲裁裁决的撤销及撤销后是否应当执行的相关理论

1. 仲裁裁决的撤销

仲裁裁决的撤销是指有管辖权的法院，根据一方当事人的申请，依据特定的事由，依法裁定否决仲裁裁决效力的司法监督活动。

（1）申请撤销的机构和期限。对于中国的涉外仲裁裁决，当事人可以按照我国《仲裁法》第五十九条，在收到裁决书之日起六个月内，向仲裁机构所在地的中级人民法院申请撤销。

（2）可以撤销的情形。当事人在合同中没有订有仲裁条款或者事后没有达成书面仲裁协议的；仲裁裁决的事项不属于仲裁协议的范围或者仲裁机构无权仲裁；仲裁庭的组成或者仲裁的程序与仲裁规则不符的；被申请人没有得到指定仲裁员或者进行仲裁程序通知的，或者由于其他不属于被申请人负责的原因未能陈述意见的；仲裁员在仲裁该案时有索贿受贿、徇私舞弊、枉法裁决的行为。

（3）撤销仲裁裁决的程序。审理撤销仲裁裁决程序的启动，当事人在法定期限内提出申请；依法组庭组成合议庭，对仲裁裁决是否具有法定撤销情形进行审理；对撤销仲裁裁决申请的处理。

2. 是否应当执行的相关理论

（1）属地主义说。这种观点认为如果裁决地国法院依其法律撤销了在其境内做出的仲裁裁决，则该裁决已经从法律上不复存在，而对已经依法撤销的裁决，法院不应予以执行。

（2）非国内化仲裁学派。这种理论坚持由于国际商事仲裁裁决就其实质而言，不是按照任何国家的法律做出，因此，国家法院不能行使撤销的权利，唯一的补救方法就是拒绝执行该裁决。

（3）折中的观点。这种观点认为对于裁决地法院撤销的裁决应当区别被撤销的理由，如果在被撤销的理由中没有法院地法规定的理由即可承认与执行该被撤销的裁决。

任务实施

任务2　自主学习

任务描述

查找视频、图片资料，了解仲裁程序；查找资料，了解不同仲裁裁决的文本。

任务分析

正确掌握仲裁程序及仲裁裁决的种类。

任务完成

____

____

____

项目三

国际商事仲裁执行

项目概述

通过本项目的学习，了解国际商事仲裁执行的基本情况。

视频小课堂

国际商事仲裁的承认与执行

基础知识

一、国际商事仲裁的承认与执行的概念

国际商事仲裁的承认与执行是指法院或其他法定的权力机关，承认国际商事仲裁裁决的终局约束力并对不自觉执行一方经申请予以强制执行的制度。国际商事仲裁做出后，在最理想的状况下，是当事人自动履行裁决结果。原则上当事人双方同意以仲裁方式解决纠纷，那么对于裁决结果就应该心悦诚服才是。但有些当事人在不利的裁决做出之后，会有所不平，甚至不主动履行该裁决。而在非裁决地国执行该裁决，更是困难。

裁决一做出，仲裁的责任已尽，其也没有权利去执行该裁决，而要持裁决协议到裁决地国以外的国家来执行该裁决，必须要依靠外国的权力，所以必然会产生许多复杂的问题。国际间仲裁的承认与执行是一个重要的议题。我们对国际间仲裁的相互承认与执行及相关的规定有了深入的了解，将有助于我们在处理国际商事纠纷中更好地保障自己的合法权益；对我国处理区际间的商事仲裁相关问题有借鉴意义。

二、国际商事仲裁的承认与执行的法律适用问题

国际社会先后制定了多项区域性和全球性国际公约及文件，以加强统一国际商事仲裁的承认与执行的实体立法，从而更有效地解决国际商事仲裁纠纷。这些国际公约及文件主要包括：联合国先后颁布的《联合国国际贸易委员会仲裁规则》《联合国国际贸易法委员会仲裁示范法》、世界银行 1965 年主持制定的《解决国家与他国国际民间投资争端的公约》、1958 年联合国通过的《承认与执行外国仲裁裁决公约》（简称《纽约公约》）等。其中最重要的当属《纽约公约》，目前已有约 146 个国家及地区加入该公约。我国也于 1986 年 12 月正式加入了《纽约公约》。该公约在解决国际商事仲裁的承认与执行上具有广泛的主导性作用，因此对该公约的了解显得尤其重要。《纽约公约》在承认与执行国际商事仲裁方面的主要内容归纳如下：

第一，缔约国应该相互承认与执行对方国家所做出的仲裁裁决。在承认与执行对方国家的仲裁裁决时，不应该在实质上比承认与执行本国的仲裁裁决提出更为苛刻的条件或征收更高的费用。

第二，申请承认与执行裁决的另一方当事人应该提供原裁决的正本和经过证明的副本，以及仲裁协议的正本或通过适当证明的副本，必要时还应附具译本。

第三，拒绝承认与执行外国仲裁裁决方面即规定凡外国仲裁裁决有下列情况之一的，被请求执行国家的法院可以依照被诉人的请求，拒绝承认与执行。

根据对他国仲裁裁决的态度和执行程序，可以做出如下分类：

（1）较便捷。如法国、德国、希腊等国。这些国家把他国仲裁裁决视同本国裁决。以法国为例，根据法国 1958 年《宪法》第 55 条规定，凡正式批准或正式核准的条约、协定，公布后具有高于法律的权威，即使与国内法相抵触也应适用。

（2）正常。如英国、美国等英美法系国家。这些国家将他国仲裁裁决的应付款视为合同之债，即契约债务，因而需转化为新的本国国内裁决。但是不同于未经裁决的契约诉讼，针对仲裁裁决只进行程序性审查，而不对案件本身所涉纠纷进行实体性审查，这使得此类国家的仲裁裁决执行费用和程序，都少于普通商事诉讼。

（3）较艰难。如意大利、西班牙、葡萄牙、土耳其、埃及、伊朗、菲律宾、泰国、印度等国尽管均为《纽约公约》缔约国，但在执行他国仲裁裁决时，首先将其视为他国的司法判决，从而不仅对仲裁裁决进行程序审查，而且对于仲裁涉及的纠纷还要根据其国内法进行实体性审查。这几乎等于在该国重新提起一次诉讼，所需费用和时间在某些国家和地区甚至还要超过普通商事诉讼。

综上所述，作为国际商务纠纷的当事人，我们不仅要在业务实践中积累经验、吸取教训，还要根据实际情况随机应变、不拘泥于常规。例如：在有仲裁条款时，仍然在债务人所在地直接提起诉讼，因为如果债务人不明确反对，一些国家和地区的法院会直接对案件进行实体性审查而忽视仲裁条款，且诉讼成本相对仲裁又低很多。即使债务人要求根据约定先行仲裁，此举也能增加债务人参与仲裁程序的可能性，并可有效解决债务人在被申请执行时质疑仲裁程序合法性的问题。

任务实施

任务 3　评论分析

任务描述

国内 A 公司与法国 B 公司就国际贸易项下款项存在纠纷，案件标的 2.86 万美元。双方和解无果后，A 公司向中国国际经济贸易仲裁委员会（以下简称“中国仲裁委”）提交仲裁申请，并于 2006 年 11 月 30 日取得缺席胜诉裁决，仲裁费 2.44 万元人民币。在 A 公司向法国法院提交执行申请后，B 公司主动提出和解。

在此案中，A 公司在取得仲裁裁决后尝试与债务人和解未果。在向法国法院提交执行申请后，B 公司即主动与 A 公司联系，并提出合理的和解方案，相比直接在法国本地起诉的费用和时间，直接申请执行国际商事仲裁裁决起到了事半功倍的效果。

任务分析

通过分析评论了解仲裁裁决执行的注意事项。

任务完成

【学习测试】

一、单项选择题

1. 仲裁又称为（　　）。

A. 公断　　B. 调解　　C. 诉讼　　D. 和解

2. 中国的涉外仲裁始于（　　）。

A. 20 世纪 50 年代中期　　B. 20 世纪 60 年代中期

C. 20 世纪 70 年代中期　　D. 20 世纪 80 年代中期

3. 主持仲裁的第三方的产生方式是（　　）。

A. 当事人自行选择　　B. 法院确定

C. 政府决定　　D. 议会选举

4. 在国际商事仲裁中，对于仲裁程序，虽允许当事人自主选择，但最终起制约作用或支配作用的还是（　　）。

A. 仲裁法　　B. 法院地法

C. 合法缔约地法或履行地法　　D. 当事人本国法或住所地法

5. 在国际商事仲裁的国际立法中，目前最重要的一个多边条约是联合国 1958 年通过的（　　）。

A. 关于承认仲裁条款的《日内瓦议定书》

B. 执行外国仲裁裁决的《日内瓦公约》

C.《华盛顿公约》

D.《纽约公约》

6. 下面哪一个常设国际仲裁机构附属于国际商会？（　　）

A. 解决投资争议国际中心　　B. 国际商会仲裁院

C. 苏黎世商会仲裁院　　D. 斯德哥尔摩商事仲裁院

7. 关于仲裁协议的准据法，在当事人无选择时，国际上比较通行的做法是适用（　　）。

A. 当事人本国法　　B. 当事人住所地法

C. 裁决做出地法　　D. 法院地法

8. 在大陆法系国家，用于处理某些程序问题或先决问题的裁决称为（　　）。

A. 最终裁决　　B. 临时裁决　　C. 部分裁决　　D. 合意裁决

9. 我国法律规定，申请撤销裁决的管辖法院是（　　）。

A. 申请人住所地中级人民法院

B. 被申请人住所地基层人民法院

C. 仲裁机构所在地的基层人民法院

D. 仲裁机构所在地的中级人民法院

10. 我国法律规定，当事人申请撤销裁决的，应当自收到裁决书之日起（　　）。

A. 1 个月内提出　　B. 3 个月内提出

C. 6 个月内提出　　D. 8 个月内提出

二、多项选择题

1. 国际商事仲裁法的主体可以是（　　）。

A. 自然人　　B. 法人　　C. 国家　　D. 国际组织

E. 仲裁机构

2. 根据《中华人民共和国仲裁法》的规定，不能仲裁的纠纷有（　　）。

A. 婚姻纠纷　　B. 收养纠纷　　C. 监护纠纷　　D. 抚养纠纷

E. 继承纠纷

3. 仲裁员选定方式的种类有（　　）。

A. 由当事人直接选定　　B. 由仲裁机构指定

C. 由法院指定仲裁员　　D. 由仲裁员选定首席仲裁员

E. 由指定机构指定仲裁员

4. 在国际商事仲裁程序中，仲裁庭直接获取证据的方式有（　　）。

A. 当事人提供证据　　B. 专家证据

C. 证人证言　　D. 仲裁庭自行调查证据

E. 根据“得出结论原则”所获得的证据

5. 根据我国法律规定，可以裁定撤销涉外仲裁裁决的情形有（　　）。

A. 当事人在合同中没有订立仲裁条款或者事后没有达成书面仲裁协议

B. 被申请人没有得到指定仲裁员或者进行仲裁程序的通知，或者由于其他不属于被申请人负责的原因未能陈诉意见

C. 仲裁庭的组成或者仲裁的程序与仲裁规则不符

D. 裁决的事项不属于仲裁协议的范围或者仲裁机构无权仲裁的

6. 下列关于中国国际经济贸易仲裁委员会的陈述，正确的有（　　）。

A. 它是中国国际贸易促进委员会下属的一个民间性全国常设仲裁机构

B. 总部设在北京，在上海、深圳和厦门设有分会

C. 总会和分会是同一仲裁机构，适用相同仲裁规则和仲裁员名册

D. 仲裁员由仲裁委员会从具有法律、经济贸易、科学技术等方面具有专门知识和实际经验的外籍人士中聘任

7. 提交机构仲裁的仲裁协议一般应该具有的内容有（　　）。

A. 请求仲裁的意思表示　　B. 选定的仲裁员

C. 选定的仲裁委员会　　D. 仲裁事项

8. 关于国际商事仲裁协议，正确的表述有（　　）。

A. 可以是合同中订立的仲裁条款

B. 可以是以其他书面方式在纠纷发生后达成的请求仲裁的协议

C. 与合同共同存在，不可分离，无独立效力

D. 具有相对独立性

9. 根据我国法律，仲裁协议无效的情形有（　　）。

A. 当事人约定的仲裁事项超出法律规定的仲裁范围的

B. 无民事行为能力人或者限制民事行为能力人订立的仲裁协议

C. 一方采取胁迫手段，迫使对方订立仲裁协议的

D. 仲裁协议对仲裁事项或者仲裁委员会没有约定或者约定不明确，事后又未达成补充协议的

10. 根据我国《民事诉讼法》的规定，当事人可以向我国下列法院提出承认与执行外国仲裁裁决申请（　　）。

A. 被执行人住所地的基层人民法院

B. 被执行人财产所在地的基层人民法院

C. 被执行人住所地的中级人民法院

D. 被执行人财产所在地的中级人民法院

三、判断题

1. 我国在加入 1958 年《纽约公约》时做了商事保留和互惠保留。（　　）

2. 法院的受案范围是由法律规定的，仲裁的受案范围则是由当事人约定的。（　　）

3. 仲裁协议是双方当事人对已经发生的争议达成的提交仲裁解决的协议。（　　）

4. 仲裁条款和仲裁协议书虽然形式不同，但法律效力相同。（　　）

5. 对于我国与外国投资者之间争议的仲裁裁决，我国可根据 1958 年《纽约公约》予以承认与执行。（　　）

6. 仲裁协议是仲裁庭决定是否受理案件的唯一根据。（　　）

7. 我国仲裁法律制度规定知识产权转让和证券交易争议是可以提交仲裁的。（　　）

8. 中间裁决一般是针对实体问题的，而部分裁决一般用于解决程序问题。（　　）

9. 我国仲裁法规定，当事人可以在收到裁决书 1 年内向仲裁机构所在地的中级人民法院提出申请撤销仲裁裁决。（　　）

10. 我国承认与执行外国仲裁裁决是由中级人民法院管辖的。（　　）

四、案例分析

1. 美国公司 A 与美国公司 B 就一货物运输合同发生争议，美国公司 A

遂依据合同中的仲裁条款向中国国际经济贸易仲裁委员会提出仲裁申请。被诉讼人B公司收到通知后，向纽约州法院提出停止仲裁程序的申请，认为该仲裁不应该继续。理由是：（1）双方皆为美国公司，在纽约州解决争议最方便，同时根据国际司法冲突规范，双方的争议与北京无实际联系。（2）条款中约定如有争议，应由双方通过友好协商解决，如经协商不能得到解决时，提交仲裁，而A公司在申请仲裁前并未与B公司进行友好协商。（3）双方的仲裁条款约定提交北京促进委员会对外贸易仲裁委员会进行仲裁，而不是中国国际经济贸易委员会，因此中国国际经济贸易委员会没有管辖权。根据所学知识分析B公司的理由是否成立。

2. 中国A进口公司与日本B公司达成一项出口苹果的合同，合同规定：如果将来发生争议，提交给中国国际贸易仲裁委员会仲裁。后来双方在履行合同中发生争议，日本B公司向日本大阪市某仲裁机构申请仲裁，该仲裁机构做出了有利于日方的裁决。问：日本某仲裁机构的裁决是否生效？本案应如何处理？

模块九

国际商事诉讼

项目一

国际商事诉讼概述

项目概述

通过本项目的学习，掌握国际商事诉讼的概念及基本法律特征；了解国际商事纠纷案件的诉讼管辖情况。

基础知识

一、国际商事诉讼的概念

国际商事诉讼是指调整在国际商事诉讼过程中所产生诉讼法律关系的法律的总称，是用来审理国际民商案件诉讼程序的法律规范的总和。

二、国际商事诉讼的特征

（1）涉外性；

（2）内容上的商事性；

（3）适用法律的多样性和不确定性；

（4）诉讼程序的复杂性。

视频小课堂

国际商事诉讼管辖权的确定

三、国际商事纠纷案件的诉讼管辖权

（一）诉讼管辖权的概念

国际商事纠纷案件管辖权是指一国法院根据本国缔结或参加的国际条约和国内法对特定的国际商事纠纷案件行使审判权的资格。

（二）诉讼管辖权的确定

1. 属地管辖原则

属地管辖又称为地域管辖，是指一个国家对该国领域内的一切人、物、法律行为都具有管辖权，但享有司法豁免权者除外。它是以领土为标志确定对案件的管辖权。具体分为以下几种：（1）原告就被告原则；（2）对于合同纠纷案例还可以根据特别管辖规定，如合同案件，可由合同缔结地的法院管辖；（3）侵权行为由侵权行为地法院管辖。

2. 属人管辖原则

属人管辖原则是指以当事人的国籍来确定案例的管辖权。如以法国为代表

的国家规定，只要是案件当事人，不论该当事人是原告还是被告，其国籍国法院均有管辖权。在国际商事争议中，以国际为标准行使管辖权的国家不多。

3. 专属管辖原则

专属管辖原则是指一国主张其法院对某些案件具有独占的管辖权，任何其他国家法院对这类案件都没有管辖权。通常情况下，本国境内的不动产纠纷、继承纠纷、租赁纠纷和破产纠纷都列入专属管辖。

4. 协议管辖原则

协议管辖原则是指当事人在争议发生前或发生后，在法律规定的范围内约定将争议提交由他们选择的法院审理。一般协议管辖不得变更专属管辖的规定。

任务实施

任务1 案例分析

任务描述

中国A公司与甲国B公司达成出售一批设备的合同，该设备将安装在乙国。合同约定有关纠纷将由被告一方法院管辖但未约定合同争议适用的法律。后双方因履约发生争议，B公司在中国法院起诉了A公司。

问：本案应适用哪国法律解决纠纷？为什么？

任务分析

解决本案需要了解国际商事诉讼中法律适用的相关知识点。

任务完成

____

____

____

项目二

国际商事仲裁与国际商事诉讼的区别

项目概述

通过本项目的学习，掌握国际商事仲裁和国际商事诉讼的区别。

基础知识

视频小课堂

国际商事仲裁和国际商事诉讼的区别

一、国际商事仲裁和国际商事诉讼的区别

商事仲裁和商事诉讼作为解决经济纠纷的两种方式，有许多相同或相似之处，如两者都由第三者主持解决争议，解决争议均需遵循一定的程序规则，做出的法律文书均有法律约束力，当事人必须遵守等。但两者也有着明显的区别。

（一）提起案件和管辖不同

仲裁机构受理案件是以当事人双方自愿为基础，其对案件管辖权来自当事人之间订立的书面仲裁协议或合同中的仲裁条款，即只有当事人之间有书面仲裁协议的，仲裁机构方可受理案件。

法院对案件的管辖权来自法律的规定，即国家的授予，当事人一方向有管辖权的法院提出诉讼，法院即可受理案件。另外，仲裁机构由双方协议约定，而诉讼有级别管辖、地域管辖和专属管辖的限制，当事人不享有充分的选择权。

（二）组织机构不同

仲裁机构一般都是民间性的组织，仲裁员不是由国家任命的，一般是由各常设机构列出仲裁人员名单，由双方当事人在仲裁员名单中指定。因此，对双方当事人来说，仲裁比诉讼具有较大的灵活性，有较多的自由。

而法院是国家的审判机关，是国家机器的主要组成部分，法院的法官都是由国家任命或选举产生，争议双方当事人都没有选择法官的自由。

（三）适用的程序和开庭的方式不同

仲裁机构仲裁案件，适用仲裁规则（包括仲裁机构自己制定的仲裁规则和当事人选择的规则），而诉讼则必须严格适用国家立法机关制定的诉讼程序。而且仲裁以不公开为原则，当事人协议公开的才可以公开进行。

而诉讼以公开为原则，只有涉及国家秘密、个人隐私或法律另有规定的才不公开审理；另有离婚案件、涉及商业秘密的案件，当事人申请不公开的也可以不公开审理。法院宣告判决，则一律公开进行。

（四）外国仲裁裁决与法院判决在承认与执行方面有所不同

一国的仲裁裁决或法院判决在本国国内执行无多大区别，它们都具有强制力，如果一方当事人不执行已生效的仲裁裁决或法院判决，另一方当事人都可向法院申请强制执行。但是如果一国的仲裁裁决或法院判决需要得到另一国法院的承认并执行就必须有国家之间的条约或互惠关系为前提。目前，承认与执行外国仲裁裁决的最重要的国际公约是《联合国承认与执行外国仲

裁裁决公约》，该公约1959年6月7日生效，有160多个成员国，我国已于1986年12月加入该公约，从1987年4月22日起对我国生效。而承认与执行外国法院判决的多边公约不多，并且这些公约适用的范围较窄。如《关于抚养义务判决的承认与执行公约》涉及儿童抚养费判决的承认与执行问题。除此以外，这些公约都用相当多的篇幅规定了可以拒绝承认与执行外国法院判决的条件。与此相反，有关承认与执行外国法院判决的双边公约要比多边公约多。

（五）审级不同

仲裁实行一裁终局的制度，裁决一经做出即发生法律效力，除法律另有规定外，当事人不得就同一纠纷再申请仲裁或是提起诉讼；一方当事人不自动履行仲裁裁决的，另一方当事人可以向人民法院申请执行，接受申请的人民法院应当执行。

诉讼实行两审终审制，除法律另有规定外，任何一方当事人如果对第一审判决或裁定不服时，均可在法定的期限内按法定程序提起上诉，从而引起第二审程序，只有在法定期限内不上诉的第一审判决或裁定、第二审判决或裁定以及最高人民法院做出的第一审判决或裁定才是生效的判决或裁定。

二、国际商事仲裁与诉讼的选择

为了更好地解决国际商事纠纷，下面关于国际商事仲裁与诉讼的选择应注意的问题主要有以下三点：

（1）如果标的物在我国境内或外方在我国境内有可供扣押的财产，则选择诉讼方式解决较为有利。根据我国《民事诉讼法》的有关规定，我国法院对这一类纠纷有管辖权。如果出现纠纷，便于迅速采取必要的诉讼保全措施，将来判决生效后也容易执行。如果选择仲裁，特别是选在第三国仲裁将会使自己陷于被动，不利于迅速采取保全措施，费用也会加大。即使选择我国仲裁机构仲裁，仍然需向法院申请保全措施，将来仲裁裁决生效后，如果对方不执行也还是要向法院申请强制执行。如此看来，不如直接诉至法院更方便、更有利。

（2）如果标的物不在我国境内或外方在我国境内没有可供扣押的财产，则应选择仲裁方式解决纠纷，这主要是从便于执行的角度考虑的。如果选择国内法院诉讼，由于国内无可供执行的财产，所以必须要到有可供执行财产的国家或地区去执行，这涉及承认与执行外国法院判决这一问题。前面谈到目前现有的承认与执行外国法院判决的国际性多边公约适用的范围较窄，并且限制条件很多，承认与执行外国法院判决的问题主要通过国与国之间的双边条约或互惠关系解决（我国目前仅同少数几个国家如法国、波兰、比利时签订了这方面的司法协助协定）。除此之外，许多国家在承认与执行前还要对外国法院的判决进行实质性的审查或将外国法院的判决仅作为一种证据，需重新向该国法院提起诉讼。另外，在案件的管辖上，各国的规定不尽相同，外国法院往往还会对我国法院的管辖权提出异议。以上种种因素造成我国法院的判决难以得到外国法院的承认与执行。因此，在这种情况下选择国内法院诉讼是不可取的。如果选择被告所在国法院诉讼，一则费用较大，还得请该国执业的律师；二则诉讼时间较长，国外一场官司打上十年八年是不足为奇的。

如果选择仲裁就不存在上述这些问题。首先，目前国际上有一个《联合国承认与执行外国仲裁裁决公约》。该公约涉及的国家较多，对各国立法实践以及其他有关条约的影响较大，反映了 21 世纪以来国家对承认和执行外国仲裁裁决的主要实践，已较为成熟。其次，根据公约规定，一国法院对外国仲裁裁决一般不进行实质性审查，只要不存在公约中所规定的可以拒绝承认和执行的情况，就应该承认并按本国的法律予以执行，并且对执行外国仲裁裁决所规定的条件不应比执行国内仲裁裁决规定的条件繁多，收取的费用也不应高于执行本国仲裁裁决所审的费用。最后，选择仲裁对双方当事人来说，可以不伤及脸面，具有较大的灵活性，有较多的自由，而且各国仲裁员一般都是精通业务的专家和知名人士，仲裁裁决一般都采用一审终审制，审期较短，费用也低廉。

（3）仲裁地点的选择。考虑到方便、迅速、省时、省费以及对我有利等因素，对仲裁地点应首选我国的国际经济贸易仲裁委员会。如果外方不同意则应尽量选择香港国际仲裁中心，该仲裁中心的仲裁员名单有许多我国国内的著名教授和知名人士可供我方选择。同时，香港离内地较近，相对来说较方便和节省费用。选择第三国或对方所在国则应慎重，应对所选仲裁机构以及仲裁员有所了解，避免盲目。而选择与我国国际关系较为紧张的国家则是完全不允许的。对此，在审查涉外经济合同时应严格把关。

任务实施

任务 2　分析思考

任务描述

当遇到国际商事纠纷的时候，你会选择哪种方式解决纠纷？需要考虑什么因素？

任务分析

解决这个任务需要掌握国际商事仲裁与诉讼的区别，同时还要学会运用知识点加以分析。

任务完成

____

____

____

【学习测试】

一、单项选择题

1. 享有司法豁免权的外交代表，在驻在国从事商业活动从而引起的民事纠纷，受（　　）法院管辖。

A. 驻在国　　B. 联合国　　C. 第三国　　D. 本国

2. 对不在中华人民共和国内居住的人提起的有关身份关系的诉讼，由（　　）人民法院管辖。

A. 行为地　　B. 标的物所在地

C. 原告住所地　　D. 被告可供扣押的财产所在地

3. 审理涉外民事案件（　　）审限。

A. 没有　　B. 有

C. 在立案之次日起六个月内　　D. 在立案之次日起一年内

二、多项选择题

1. 根据民事诉讼法的立法精神和实践经验，涉外民事诉讼管辖的原则主要有（　　）。

A. 维护国家主权　　B. 尊重国际条约和国际惯例

C. 先仲裁后诉讼　　D. 使用中国语言文字

2. 根据民事诉讼法的具体规定，向涉外民事诉讼当事人送达诉讼文书的方式有（　　）。

A. 通过外交途径送达　　B. 邮寄送达

C. 公告送达　　D. 推定送达

三、判断题

1. 涉台、港、澳地区的民事诉讼绝不是涉外民事诉讼。（　　）

2. 我国涉外仲裁机构是民间性组织。（　　）

3. 外国驻华使、领馆不可以直接向该国在华公民送达诉讼文书和调查取证。（　　）

四、案例分析

A 国甲公司与 B 国乙公司在 B 国 C 地签订一份书面购销合同，甲公司向乙公司购买冰箱 200 台，每台价格是 1 500 元。双方约定由乙公司代办托运，甲公司在收到货物后的 10 日内付款，并且约定了因合同发生纠纷由 B 国 C 地的法院管辖。但是，在合同签订后，乙公司因为资金不足，发生生产困难，没能够按照合同约定的时间交付货物。甲公司要求乙公司支付违约金，乙公司拒绝，双方发生争议，甲公司提起诉讼。问：

(1) 甲乙双方约定合同的签订地的法院为合同纠纷的管辖法院，该管辖协议是否有效?

(2) 如果双方当事人约定C地为合同的履行地，并且约定合同履行地的法院为合同纠纷的管辖法院，请问此时就本案而言，C地的法院是否因此而取得管辖权? 为什么?

(3) 如果乙公司已经交付了货物，合同的实际履行地是A国D地，但是，甲公司没有能够按时支付价款，双方发生争议，乙公司提起诉讼，此时，乙公司向D地的法院提起了诉讼，甲公司应诉答辩，没有提出异议，此时D地的法院是否因此而享有管辖权?

(4) 如果双方当事人在合同中并没有约定合同纠纷的管辖法院，而是在合同发生纠纷后，才书面约定了合同签订地的法院为合同纠纷的管辖法院，此时的管辖协议是否有效?

实训操作

实训操作 1

实训材料

搜集 3 个世界 500 强公司的资料，了解公司在世界经济中的巨大作用。

操作完成

1. ______________________________

____

2. ______________________________

____

3. ______________________________

____

实训操作 2

实训材料

如果你大学毕业后，想和你的好朋友一起创业经营公司，开办公司需要哪些程序？

操作完成

____

____

____

____

实训操作 3

实训材料

通过上海证券交易所（http://www.sse.com.cn/）找寻一家上市公司，下载该公司的招股说明书，请通过整理后，阐述该公司的股权结构。

操作完成

____

____

____

____

实训操作 4

实训材料

根据项目三中搜集的上市公司的招股说明书，阐述该上市公司的组织架构。

操作完成

实训操作 5

实训材料

你和你的朋友由于经验不足，经营不善，难以继续经营，你想注销你们成立的公司，请阐述注销公司的流程。

操作完成

____

____

____

____

实训操作 6

实训材料

假如你大学毕业，自己在创业，请结合本项目学习的知识点草拟一份与客户之间的交易合同，可以是货物买卖合同也可以是服务合同。

操作完成

____

____

____

____

实训操作 7

实训目的

掌握买卖合同主要内容及签订合同的一般要求。通过此次模拟使学生切身感受国际货物买卖合同的内容和签署的程序。

实训内容和步骤

1. 由各小组互相选择，形成一队，分别为买方和卖方。

2. 根据教师所提供的材料，现场进行磋商并达成一致。

3. 根据双方一致的意思表示草拟一份货物买卖合同，每队上交一份合同。

操作完成

实训操作 8

实训材料

模拟法庭审理一起关于代理纠纷的案例

通过模拟法庭的审理活动，使学生掌握基本的民事诉讼程序和国际商事代理的相关知识，并灵活地运用到现实业务中去。

操作完成

实训操作 9

实训材料

以实训小组为单位展开讨论，要求契合主题，结合学生自身经历与所见所闻，通过收集资料、撰写调查报告，深入了解产品质量现状，并就如何防范风险发表自己的意见，做好小组讨论记录。

操作完成

____

____

____

____

实训操作 10

实训材料

搜集关于知识产权纠纷的典型案例，分组讨论分析，树立风险防范意识。

操作完成

实训操作 11

实训材料

国际商事仲裁模拟仲裁庭庭审演练：

1. 实训目的

掌握如何撰写仲裁申请书、答辩书及仲裁裁决书，并通过仲裁庭庭审实务的模拟，掌握国际商事仲裁实体问题和程序问题在实践中的具体运作。

2. 实训要求

（1）实训分组要求：

将学生分成三组，分别担任仲裁员及书记员、申请人及申请人的代理人、被申请人及被申请人的代理人。每组指定一名学生作为组长，组织本组人员做好准备。其他学生作为旁听人员观摩庭审全过程。

（2）小组提交报告要求：

1）仲裁庭在庭审结束后提交仲裁裁决书，裁决书的制作依背景材料中给出的样本；

2）申请人及其代理人、被申请人及其代理人需要在庭审结束后提交申请书、答辩书及授权委托书；

3）其他观摩的学生需要在庭审结束后提交观摩报告，观摩报告的制作按照背景材料中观摩报告样本的要求完成。

（3）庭审演练要求：

1）参加庭审演练的学生需要遵照背景材料中的庭审提纲进行庭审活动；

2）庭审演练过程中学生应自觉维护法庭纪律。

3. 背景材料

参考法规：

《中华人民共和国仲裁法》

《中华人民共和国合同法》

《联合国国际货物销售合同公约》

《中国国际经济贸易仲裁委员会仲裁规则》

4. 仲裁文书

仲裁申请书、仲裁答辩书、仲裁裁决书、授权委托书、仲裁须知

操作完成

1. ______________________________

____

2. ______________________________

____

3. ______________________________

____

实训操作 12

实训材料

选取一个有代表性的国际商务纠纷案例，剖析并评价其解决方法。制作 PPT 演示成果，PPT 中应包括以下内容：

1. 案件简介与争议焦点；
2. 当事人采取的解决方式；
3. 对解决方式正反评述剖析。

推荐案例：

苹果与三星专利诉讼大战、三一集团高调起诉美国总统奥巴马和 CFIUS、TI 燃油系统股份有限公司诉华润电机有限公司专利侵权及不正当竞争案。

操作完成

1. ______________________________

____

2. ______________________________

____

3. ______________________________

____

参考文献

1. ［美］雷·奥古斯特．国际商法［M］．原书第6版．北京：机械工业出版社，2018

2. 张学森．国际商法（中英文双语版）［M］.2版．上海：复旦大学出版社，2018

3. 左海聪．国际商法［M］.2版．北京：法律出版社，2013

4. ［美］理查德·谢弗等．国际商法［M］.8版．中国人民大学出版社，2018

5. 姜作利．国际商法［M］.3版双语版．北京：法律出版社，2013

6. 沈四宝，王军．国际商法［M］.3版．北京：对外经贸大学出版社，2016

7. 周黎明．国际商法：理论与实务［M］．北京：北京大学出版社，2014

8. 杨士富．国际商法理论与实务［M］.2版．北京大学出版社，2017

9. 董新民，孙爽．国际商法［M］．北京：对外经贸大学出版社，2015

10. 中国注册会计师协会．2019年注册会计师全国统一考试辅导教材［M］．北京：中国财政经济出版社，2019

11. 国家统一法律职业资格考试辅导用书编辑委员会．2019年国家统一法律职业资格考试辅导用书［M］．北京：法律出版社，2019

12. 杨紫烜．经济法［M］.5版．北京：北京大学出版社．2019

13. 王保树．商法［M］.2版．北京：北京大学出版社．2014

14. 国务院法制办公室．中华人民共和国产品质量法典［M］．新4版．北京：中国法制出版社，2018

15. 沈四宝，王军．国际商法［M］.3版．北京：对外经济贸易大学出版社，2016

16. 李秀芳．国际商法［M］．北京：中国人民大学出版社，2017

17. 李俊．产品质量法案例评［M］．北京：对外经贸大学出版社，2012

18. 义海忠，倪楠，薛亮．经济法案例评析［M］．北京：中国政法大学

出版社，2016

19. 宁烨，杜晓君．国际商法［M］．北京：机械工业出版社，2014

20. 党伟，国际贸易法［M］．北京：科学出版社，2010

21. 刘东根，谢安平．2018 年国家统一法律职业资格考试一本通［M］．北京：法律出版社，2018

22. 丁孟春，赵忠良．国际商法［M］．北京：北京大学出版社，2012

23. 韦静．国际商法［M］．北京：北京交通大学出版社，2010

24. 王素玉．国际商务法律环境案例解析［M］．北京：经济科学出版社，2016

25. 王传丽．国际经济法［M］．4 版．北京：中国人民大学出版社，2015

26. 黄辉，田俊芳．国际商法［M］．北京：经济管理出版社，2011

图书在版编目（CIP）数据

国际商法/孙爽，邹岿主编. —北京：中国人民大学出版社，2020.8
21 世纪高职高专规划教材．国际经济与贸易系列
ISBN 978-7-300-23789-3

Ⅰ.①国… Ⅱ.①孙… ②邹… Ⅲ.①国际商法-高等职业教育-教材 Ⅳ.①D996.1

中国版本图书馆 CIP 数据核字（2020）第 150742 号

全国职业院校国际贸易专业“新形态”教材
21 世纪高职高专规划教材·国际经济与贸易系列
国际商法
主　编　孙　爽　邹　岿
副主编　梁西玲　吕　良　彭　雁
Guoji Shangfa

出版发行	中国人民大学出版社		
社　　址	北京中关村大街 31 号	**邮政编码**	100080
电　　话	010－62511242（总编室）		010－62511770（质管部）
	010－82501766（邮购部）		010－62514148（门市部）
	010－62515195（发行公司）		010－62515275（盗版举报）
网　　址	http://www.crup.com.cn		
经　　销	新华书店		
印　　刷	北京溢漾印刷有限公司		
规　　格	185 mm×260 mm　16 开本	**版　　次**	2020 年 8 月第 1 版
印　　张	14.5 插页 1	**印　　次**	2020 年 8 月第 1 次印刷
字　　数	265 000	**定　　价**	32.80 元

信息反馈表

尊敬的老师:

您好！为了更好地为您的教学、科研服务，我们希望通过这张反馈表来获取您更多的建议和意见，以进一步完善我们的工作。

请您填好下表后以电子邮件、信件或传真的形式反馈给我们，十分感谢！

一、您使用的我社教材情况

您使用的我社教材名称			
您所讲授的课程		学生人数	
您希望获得哪些相关教学资源			
您对本书有哪些建议			

二、您目前使用的教材及计划编写的教材

	书名	作者	出版社
您目前使用的教材			
	书名	预计交稿时间	本校开课学生数量
您计划编写的教材			

三、请留下您的联系方式，以便我们为您赠送样书（限1本）

您的通信地址			
您的姓名		联系电话	
电子邮箱（必填）			

我们的联系方式:

地　址: 苏州工业园区仁爱路158号中国人民大学苏州校区修远楼

电　话: 0512-68839320　　　传　真: 0512-68839316

网　址: www.crup.com.cn　　　邮　编: 215123